EL ROSTRO DEL DIOS OLVIDADO
DEL CONTINENTE PERDIDO

LA ATLÁNTIDA
AL DESCUBIERTO

Jesús Cervantes Estrada

Reservados todos los derechos. No se permite la reproducción total o parcial de esta obra, ni su incorporación a un sistema informático, ni su transmisión en cualquier forma o por cualquier medio (electrónico, mecánico, fotocopia, grabación u otros), sin autorización previa y por escrito de los titulares del copyright. La infracción de dichos derechos puede constituir un delito contra la propiedad intelectual.

El contenido de esta obra es responsabilidad del autor y no refleja necesariamente las opiniones de la casa editorial. Todas las imágenes fueron proporcionadas por el autor, quien es el único responsable sobre los derechos de la misma.

Publicado por Ibukku
www.ibukku.com
Copyright © 2019 Jesús Cervantes Estrada
ISBN Paperback: 978-1-64086-474-0
ISBN eBook: 978-1-64086-430-6

ÍNDICE

Mi encuentro con la imagen del rostro del
dios olvidado del continente perdido   5
Las teorías   9
El continente americano es la Atlántida   21
¿Son los olmecas descendientes de
los atlantes?   27
Imagen del rostro del dios olvidado del
continente perdido   31
Localización del rostro   35
Composición del rostro del dios olvidado   39
Similitudes entre los olmecas, Quetzalcoatl y El rostro
del dios olvidado   43
El rostro y las culturas árabes y orientales   45
Las dimensiones de El rostro del dios olvidado   47
Otras imágenes con perspectivas diferentes del rostro   51
 Acercamiento al rostro del dios olvidado   59
Diferentes perspectivas de la imagen del rostro   63
La pirámide   67
Los dibujos de las imágenes   69
Las otras construcciones alrededor del rostro   73
El rostro del faraón   83
¿Pirámides bajo el mar?   93
El avión   101
¿Condensador bajo el mar?   107
Entrada a cueva con pilar artificial   113
Objetos raros en el mar   117
Una muralla en el mar   121

Mi encuentro con la imagen del rostro del dios olvidado del continente perdido

Mientras viajaba en el metro de la CDMX, me dispuse a buscar en Google Maps una dirección a la que tenía que acudir. Cuando terminé, y por tedio, comencé a explorar el golfo de México. Después de varios minutos vi algo que llamó mi atención: un trazo semejante al símbolo del número dos arábigo (2) en el fondo del mar. Como no lo podía creer, fui agrandando la imagen con el zoom para ver qué era y conforme me iba acercando ese número dos se dispersó y desapareció, pero en su lugar observé algo parecido a un rostro humano con barba y bigote. Pensé que podría tratarse de alguna ilusión óptica o una pareidolia.

Al llegar a casa, usé Google Earth para visualizar la imagen con más detalle y desde diferentes ángulos, incluso en 3d noté que no variaba, al contrario aparecían más detalles que no había visto. De inmediato, supuse que algo así ya había sido descubierto por lo que averigüé por internet y otros medios, si existía alguna publicación referente a esta imagen, pero hasta el momento no he encontrado información. Proseguí analizándola pensando en que solo era una casualidad y que podría ser producto de la naturaleza. Sin embargo, el rostro no estaba hecho de una sola estructura, sino que se componía de varias edificaciones diferentes que en conjunto lo formaban, además de que existían alrededor otras edificaciones, por lo que deduje que pudiera tratarse de algo más complejo como una ciudad, y el rostro era parte de un centro ceremonial religioso. Como quise conocer su tamaño, utilicé las herramientas de Google Maps y no podía creer que midiera 1.04 km de ancho por 1.77 km de largo.

Este magnífico descubrimiento, avivó mi curiosidad y me llevó a continuar investigando. Sin embargo, conforme se me revelaban más detalles, más dudas me generaba su veracidad por lo que decidí mostrársela a familiares y amigos para confirmar que se trataba de un rostro y que no era el único que lo veía, por fortuna todos llegamos a la misma conclusión.

Por supuesto que sentí que me había sacado la lotería sin comprar un billete en junio de 2018, un golpe de suerte, pues no podía creer que existiera una estructura enorme en forma de rostro humano sumergida en el mar, tan perfectamente conservada y definida. Pero ¿a quién pertenecía?, ¿quiénes la habían construido?, ¿por qué se encontraba en el fondo del mar?, ¿será una construcción muy antigua?

Supongo que en algún momento debió estar en la superficie y posiblemente quedó bajo el mar después de la última glaciación o de una gran catástrofe, como lo mencionan muchos textos antiguos, ¿podría ser la Atlántida, el continente perdido? La posibilidad de que sea la Atlántida es alta, ya que existen investigadores que la sitúan en lo que hoy conocemos como el continente americano, por lo que no dudo que las imágenes mostradas páginas más adelante pertenezcan al tan buscado continente perdido.

Después de entender lo importante que podría ser este hallazgo, traté de darlo a conocer al público por medio de las redes sociales. Así que publiqué las imágenes, pero no hubo respuesta, ni se compartieron en las redes. A los pocos que las vieron, o no les llamó la atención o no entendieron lo que eran.

Lo mismo pasó con los medios de comunicación (periódicos y noticieros de tv), no les interesó, es más, ni siquiera revisaban la información que les enviaba o llevaba, en el más cercano de los casos quedaron en comunicarse, pero nunca lo hicieron. Mandé fotos a noticieros y a expertos, pero no contestaron. Por tal razón decidí escribir este libro para dar a conocer estas maravillas y que no permanecieran en el olvido.

Al analizar más detenidamente el rostro y las edificaciones que se encuentran alrededor, supuse que el rostro formó la parte principal de un centro ceremonial de una cultura muy avanzada, que debió sucumbir tras una enorme catástrofe mundial (que los inundó y sumergió bajo las aguas), acabando casi con todo vestigio de vida y las evidencias físicas de cualquier civilización que existió antes de esa fecha . Probablemente este hecho aconteció aproximadamente hace 12 000 años, fecha en la que algunos científicos calculan que ocurrió un gran cataclismo mundial que inundó todo el planeta. Si consideramos las evidencias que mostraré en las descripciones de las imágenes, podría decirse que los habitantes de esta ciudad contaban con avances tecnológicos, tal vez superiores a los nuestros, y por lo tanto su civilización debió desarrollarse miles de años antes de la catástrofe.

---

1 John Henry Builes, Historia primitiva de la humanidad según el libro Santo del Génesis, capítulo 6.
Recuperado de https://books.google.com.mx > books

2 Manuel Ortiz, Mitos y leyendas de nuestro mundo. Recuperado de http://www.ortiznava.com/2012/12/el-diluvio-universal-2/.

Cabe mencionar que además del rostro encontré otros hallazgos de caras y construcciones, que siguen las mismas particularidades del rostro, los cuales espero le parezcan igual de impactantes. No es necesario realizar un gran viaje y gastar grandes cantidades de dinero, ni tener la más alta tecnología para visitar estas maravillas, solo dese el tiempo para buscar en Google Maps o Google Earth las coordenadas que más adelante proporcionaré.

Las teorías

El hombre siempre ha estado en búsqueda de la verdad sobre su origen, de dónde viene, cuáles son sus raíces, por lo que durante mucho tiempo ha ido desarrollando creencias, mitos y teorías para satisfacer y explicar esta inquietud. Algunos han tratado de dar una interpretación basándose en la religión, otros apoyados en leyendas, tradiciones e historias que han sido transmitidas oralmente y/o escritas de generación en generación hasta llegar a nuestros tiempos. Es posible que muchas de ellas nos hayan llegado muy distorsionadas o simplemente fueron un mito y, aunque pudieran ser verdad, es muy difícil comprobar su autenticidad. Por otra parte, existen grupos obsesionados en tratar de ocultar, rechazar, negar o distorsionar cualquier prueba que se encuentre referente a lo realmente acontecido o tal vez tengan algún interés para que la verdad no salga a la luz, por consiguiente conocer la historia real de nuestro pasado es casi imposible.

En lo referente a las muchas historias que aún persisten, hay algunas que se repiten en diferentes culturas con tal similitud y semejanza que parece que transitaron por la misma experiencia, a pesar de que aparentemente no hubo contacto entre las civilizaciones por lo distantes que se encontraban unas de otras; la ciencia explica que sería muy difícil la existencia de algún tipo de comunicación entre esas culturas[3]. Una de esas historias es la que trata sobre

---
3   El Editor, Aztecas, Mayas y Egipcios: civilizaciones similares pero no relacionadas. Recuperado de https://www.eleditor.net

la existencia de una civilización anterior a la nuestra, destruida por una gran catástrofe de la que dan cuenta relatos como la Biblia en el Diluvio Universal, las tablas sumerias con el Enuma Elish, los mayas con el Popol Vuh, entre otros.

Al igual que los relatos mencionados, hay una narración que ha cautivado por generaciones a la humanidad, llena de fascinación y misterio. Se trata nada menos que de la Atlántida de Platón, de la cual se han escrito infinidad de libros y realizado gran cantidad de películas y documentales, así como investigaciones y expediciones en busca de este mítico continente perdido. Hay quienes han declarado haber encontrado este mitológico continente, pero nadie ha dado pruebas fehacientes de que se trate de la Atlántida.

En este orden de ideas, algunos descubrimientos de ruinas submarinas han sido relacionados o confundidos con la Atlántida, por sus similitudes con lo descrito por Platón, y la sitúan en diversos lugares como en las islas Bimini en las Bahamas, en el triángulo de las Bermudas, en la provincia de Jaén en España, entre otros. La gran mayoría[4] la ubica en el mar Mediterráneo, en donde se han realizado numerosas investigaciones. Por el contrario, otros hallazgos se han ocultado y dejado en el olvido, y por ende su investigación se ha abandonado, tal es el caso de las ruinas submarinas al sur de Cuba. En otros casos, las ruinas submarinas han sido descalificadas como sucedió con la ciudad submarina cerca de Yonaguni, Japón, en donde la ciencia las explica

---

4 Jane Palmer, Las verdaderas Atlántidas: las islas y ciudades que sí se tragó el mar, BBC Earth. Recuperado de https://www.bbc.com/mundo/noticias/2016/02/160123_vert_earth_atlantida_ciudades_desaparecieron_yv. También, véase Destinos, Cinco razones por las que Malta podría ser parte de la ciudad perdida de Atlantis. Recuperado de http://www.vinosycaminos.com/texto-diario/mostrar /1455781/cinco-razones-malta-podria-parte-ciudad-perdida-atlantis.

como una formación rocosa, es decir, una maravilla natural, cuando es muy obvio que la naturaleza no puede diseñar formas cuadradas, piramidales o rectangulares tan perfectas.

También, suele suceder que cuando se realiza un descubrimiento arqueológico importante que rebasa la capacidad de explicación, entendimiento o va en contra de lo convencional o establecido por los dogmas oficiales de la ciencia, automáticamente o es descalificado o se oculta.

En lo concerniente a la datación de las ruinas, la ciencia oficial niega o invalida cualquier hallazgo que rebase los años que la misma ciencia estableció como los inicios de la civilización o de la aparición del hombre moderno, y que según ella van entre los 4 000 y 5 000 años a.C., casos como la monumental escultura llamada la Esfinge, las pirámides egipcias, las ciudades de Tiahuanaco, Puma Punku, Machu Picchu así como diversas ciudades y vestigios arqueológicos mayas, olmecas y toltecas, los cuales los científicos no reconocen que tengan una antigüedad mayor a 1 000 años a.C.

Otro de los inconvenientes con el que se encuentran los arqueólogos para conocer la antigüedad de estos restos, está relacionado con el uso del carbono 14 (que es una de las pruebas que la ciencia considera más certera para determinar la antigüedad de los hallazgos fósiles o arqueológicos), la cual se basa en la disminución de la cantidad de carbono. 14, que los cuerpos pierden con el avance del tiempo al morir. Sin embargo, existen evidencias en las que las fechas de radiocarbono más antiguas tienen que ser ajustadas del modelo uniforme, aparentemente incorrecto que se usa hoy, y cuando esto se hace hay un encogimiento en las edades. Entre más antigua la fecha, mayor la reducción de tiempo.

La capa protectora de vapor de agua y el campo magnético mayor antes del diluvio podría significar que los niveles de carbono 14 en el pasado fueran significantemente menores que en el presente, causando resultados erróneos. Así también es bien sabido que la revolución industrial, con sus grandes combustiones de masas gigantescas de carbón, etcétera, ha afectado el balance natural del carbono por la liberación de grandes cantidades de carbono 12 al aire[5].

En la mayor parte de los países de América se han encontrado restos arqueológicos, algunos de ellos sobrepasan los 30 mil años de antigüedad; sin embargo, la mayoría de estos descubrimientos han sido desestimados por la comunidad científica[6]. Los sitios arqueológicos más cuestionados o rechazados son los que han recibido un fechado mayor a 13 000 años a.c., como son los de Dawson City (Canadá), Old Crown (Canadá), Cálico Hills (EUA), Lewisville (EUA), Santa Rosa (EUA), Tlapacoya (México)[7], El Bosque (Nicaragua), Paccaicasa (Perú).

Actualmente, se han hecho importantes descubrimientos a través de nuevos métodos como el mapeo por medio de rayos láser, con el que se han descubierto ciudades mayas como las ubicadas cerca de Tikal con más de 60 000 construcciones entre las que se encuentran edificios, casas, palacios, centros ceremoniales, carreteras elevadas, pirámides, grandes plazas, modernos sistemas de riego y fortificaciones de defensa que componen estos vestigios. El láser ha

---

5 Fátima Urribari, La prueba del Carbono 14, amenazada, XLSemanal. Recuperado de https://www.xlsemanal.com/conocer/ciencia/20180303/la-prueba-del-carbono-14-amenazada.

6 Freddy Gómez, Restos arqueológicos del poblamiento humano. Recuperado de http://poblamerica.blogspot.com/2008/01/restos-arqueolgicos-del-poblamiento.html

7 Recuperado de https://es.wikipedia.org/wiki/Tlapacoya.

penetrado más de 2 000 km2 de este denso bosque tropical, para sacar a la luz una megalópolis que habitó el área en las épocas preclásica (3 000-1 000 a.C) y clásica (300-900 d.C)[8].

Existe también un nuevo e importante descubrimiento en Angamuco, Michoacán, México. Se trata de una ciudad construida truida, según la ciencia, hace más de 1000 años por los purépechas. Esta antigua urbe se extendía a lo largo de 26 kilómetros con aproximadamente 40 000 construcciones, cuyo apogeo fue entre el año 1 000 y 1 350, d.C. cuando más de 100 000 personas la habitaron. En pleno auge, su tamaño la convertiría en la ciudad más grande que conocemos hasta ahora en el occidente de México durante este periodo[9].

¿Cómo es posible que ciudades tan grandes, con tan importante población y con grandes construcciones hayan sido abandonadas?, ¿cómo no pudieron ser vistas o descubiertas hasta el presente?, y ¿por qué estuvieron ocultas tanto tiempo?, ¿cómo es que en un periodo tan corto de tiempo hayan sido cubiertas totalmente de tierra y por lo mismo de vegetación, que haya impedido que pudieran ser descubiertas?, ¿por qué otras culturas contemporáneas como los aztecas, no conocieron estas importantes ciudades y culturas? ¿Será que ya estaban ocultas mucho más tiempo atrás del que se dice?

Existen ciudades mayas tanto en la península de Yucatán como en Chiapas y en otras partes de Sudamérica (Puma Punku) que fueron encontradas ya deterioradas o destruidas como si hubieran sufrido una gran catástrofe y sus construc

---
8 El Periódico, Así es la enorme ciudad maya oculta entre la selva en Guatemala. Recuperado de https://www.elperiodico.com/es/internacional/20180212, 13/02/2018 - 17:28 /asi-es-la-enorme-ciudad-maya-oculta-entre-la-selva-en-guatemala-6619270.
9 Yucatán en corto, En Michoacán descubren ciudad purépecha perdida. Recuperado de http://www.yucatanencorto.com/noticias/michoacan-descubren-ciudad-purepecha-perdida.

ciónes hubieran sido arrasadas. La ciencia dice que la construc y el apogeo de estas ciudades, es posterior al nacimiento ciones de Cristo y que fueron abandonadas posiblemente porque sufrieron una gran sequía, producto de la mala convivencia con la naturaleza, lo que provocó grandes hambrunas, de modo que se habla de la sequía como la gran catástrofe que ocasionó el abandono de sus tierras y ciudades, pero no explica por qué se han encontrado semidestruidas algunas de ellas y cubiertas por una considerable capa de tierra y vegetación.

Otro aspecto que la ciencia no aclara es la gran cantidad de semejanzas que tienen entre sí la mayor parte de las culturas antiguas como la construcción de las pirámides, además de que existen en casi todo el mundo y en lugares tan insospechados como China, Italia, Eslovenia, Australia, Rusia, Grecia, España, Francia e Indonesia, entre otros países. No existen cifras que determinen la cantidad exacta de pirámides, pero sí se pueden indicar los lugares donde mayor cantidad hay: Mesoamérica (México, Guatemala, Belice, Salvador) cuenta con alrededor de 1 000 pirámides descubiertas, Egipto aproximadamente 120 y China tiene alrededor de 200. Como anteriormente mencioné, incluso en el fondo del mar se han encontrado pirámides como en Yonaguni, Japón y cerca de las costas de Cuba que fueron descubiertas mediante un escáner a 700 metros de profundidad al sur de esta isla. Como dato interesante, la pirámide más grande se encuentra en Cholula, Puebla.

También, existen muchos enigmas sobre cómo fue posible que las civilizaciones antiguas adquirieran conocimientos tan avanzados en muy poco tiempo tanto en matemáticas como en astronomía: el cero, el movimiento de Venus y de Júpiter, los ciclos solares, el calendario, el conocimiento del número de planetas que integran el sistema solar, la escritura. Pero sobre todo lo que más sorprende en la mayoría de las culturas antiguas es la gran capacidad tecnológica y los avanzados conocimientos arquitectónicos para realizar sus monumentales pirámides, colosales edificios y sorprendentes esculturas, muchos de los cuales hoy en día son imposibles de realizar con la calidad y precisión con que fueron construidos, además en materiales tan duros como el granito, de ahí que suena ridículo cuando la ciencia menciona que se hicieron con herramientas de piedra o cobre, situación poco creíble si consideramos que aun con las herramientas modernas no solo es difícil, sino en muchos casos irrealizables.

Todo lo anterior nos hace pensar que estas civilizaciones alcanzaron un avance tecnológico muy superior al de nuestros días, con mayores conocimientos y, aunque parezca imposible, que había una mayor comunicación y relación entre aquellas culturas. En consecuencia, hace muchos años es probable que haya existido en nuestro planeta una súper civilización que abarcó casi toda la Tierra y desapareció de un momento a otro, dejando solo algunas muestras y vestigios de su nivel de conocimiento y avance tecnológico.

Tal vez, y como lo señalan las antiguas leyendas y manuscritos, la humanidad fue avasallada por una gran tormenta que casi terminó con la vida. Según estas, cuando el mar acrecentó su nivel, dejó desde entonces sumergidas en el agua y/o enterradas por la arena a las grandes ciudades que se encontraban en las orillas del mar. Lo mismo sucedió con todas las ciudades y poblaciones que estaban alejadas del mar a una altitud mayor, solo que el agua mientras se adentraba en tierra les dio un mayor lapso de tiempo y tal vez les permitió a pocos grupos, clanes o familias escapar. Algunos de ellos pudieron saber con anticipación del advenimiento de una gran catástrofe por lo que se resguardaron en lugares seguros y con suministros (como pudo ser el caso de las muchas ciudades subterráneas que se han encontrado en el mundo, por ejemplo la situada en Capadocia Turquía). En esos grupos debieron existir integrantes con amplios conocimientos científicos, tecnológicos y religiosos, que su cultura había desarrollado, como en el caso de los olmecas, toltecas, mayas y sumerios, entre otros.

No obstante que algunos grupos pudieron ponerse a salvo, esto no los liberó de sufrir los estragos de las grandes tormentas que debieron persistir durante mucho tiempo y provocar enormes raudales de agua que inundaron todo, y que debilitaron la tierra de los cerros y las montañas, lo que causó su desgajamiento y el arrastre de lodo y tierra hacia las edificaciones existentes. De esta manera, gran parte de las ciudades y las poblaciones quedaron enterradas y destruidas.

Cuando la gran tormenta cesó y después de un lapso de tiempo, las aguas que inundaban las tierras de las partes altas poco a poco debieron evaporarse, pero el lodo, producto de los deslaves de los cerros, pudo ser un gran problema para los sobrevivientes, pues les impedía desplazarse y salir de sus guaridas en busca de alimento, ya que posiblemente el riesgo de hundirse y perecer era alto, por lo que debían tener mucha precaución y esperar más tiempo.

Con el paso de los días, poco a poco el lodo se secó, dejando en muchos casos, ciudades enterradas (como pudo suceder con la gran cantidad de edificaciones mayas y purépechas que recientemente han sido localizadas bajo tierra y vegetación).

Cuando las condiciones climáticas mejoraron, es decir, después de años, los descendientes de los sobrevivientes seguramente intentaron dejar sus refugios en busca de otras condiciones de vida y de alimentos diferentes.

Una vez que la etapa de supervivencia fue superada, los grupos o las familias que se refugiaron en las cuevas debieron transmitir de padres a hijos o a nietos los conocimientos, las historias, las tradiciones y las leyendas de sus culturas, y con esto forjaron la solidez de la unión entre la familia, el grupo o el clan.

En el caso de los grupos o familias que no pudieron transmitir estas tradiciones, o bien nunca trataron de conservarlas, o bien prefirieron olvidarlas, o bien las tergiversaron con el transcurrir del tiempo al transmitirla de padres a hijos sucesivamente, estas llegaron a nuestros tiempos como historias tan increíbles que nos resultan absurdas y las consideramos como mitología y leyendas. Quizás otros de esos grupos no tuvo los conocimientos y la habilidad necesaria para poder retomar su antigua forma de vida y estos grupos retrocedieron a lo que hoy llamamos la Edad de Piedra o al salvajismo puro.

Al salir de sus refugios (cuevas), algunos de los grupos más organizados, quizás tuvieron suerte y lograron encontrar las casas y las ciudades de las que les hablaron sus padres, con pocos daños, por lo que no tuvieron que realizar mucho esfuerzo para mejorar y adaptar su entorno.

Otros no las encontraron o las encontraron destruidas o sepultadas por piedras y lodo, así que tuvieron que hacer un mayor esfuerzo para rehabilitar sus casas y ciudades, o decidieron volver a empezar.

Otros más permanecieron refugiados en las cuevas, pues parecían lugares seguros para sobrevivir, o posiblemente tuvieron miedo de enfrentarse al exterior, retrocediendo en conocimientos y destrezas a una etapa primitiva.

Los grupos que entre sus miembros contaban con individuos de mayores conocimientos y sabiduría, estos adquirieron gran importancia para la supervivencia del grupo, pues transmitieron ideales, conocimientos, habilidades, religión, escritura, lengua, su historia y sus leyendas, y a lo mejor hasta a otros pueblos ajenos a su comunidad (como podría ser el caso de los olmecas que transmitieron sus conocimientos hacia otros pueblos que tal vez fueron afines a ellos como los mayas, aztecas y zapotecas).

Posiblemente los sobrevivientes peregrinaron durante mucho tiempo tratando de encontrar sus tierras, sus ciudades y quizás nunca las encontraron o encontraron parte de ellas y las abandonaron, otros tal vez llegaron a ciudades que no les pertenecían y las ocuparon (como podría ser el caso de los incas en Machu Picchu, y los egipcios). Quizás nunca sabremos cuál fue la verdad y el gran dolor y penuria que pasaron esos pueblos.

Mucha información que se llega a descubrir sobre el pasado del ser humano, la cual aparentemente no concuerda con la historia oficial en cuanto a la datación de las construcciones y su tecnología más avanzada que la actual principalmente, se oculta o se desaparece para borrar esa parte de la historia de la humanidad. Probablemente en algunas ciudades mayas podría haber pruebas de que fueron construidas mucho tiempo atrás de lo que la ciencia asevera, pongamos por caso a la Estela B que se encuentra en el sitio arqueológico de Copán, Honduras, donde existen grabadas cabezas de elefantes con jinetes sentados sobre ellos; o este otro ejemplo en Uxmal, México, donde se encuentran los mascarones del dios Chaac que está representado con una trompa de elefante. En ambos casos, los mayas no pudieron conocer a los elefantes, ya que se extinguieron del continente hace más de 12 000 años, es decir, muchos años antes de lo que la ciencia dice que tienen de antigüedad estas ciudades, figura 1 y 2.

Figura 1

Figura 2

En estas imágenes de estelas y representaciones del dios Chaac se puede apreciar , se encuentra plasmadas la imagen de lo que es un elefante, el cual se extinguió de América aproximadamente hace 12 ,000 años atrás.

El continente americano es la Atlántida

Las imágenes que se muestran a continuación son reales, fueron extraídas de Google Maps y Google Earth. En ellas aparecen restos arqueológicos que se encuentran a grandes profundidades bajo las aguas del golfo de México por lo que no son de buena calidad y claridad, y a esto hay que añadirle el posible desgaste que estos han sufrido con el avance natural del tiempo, los fenómenos climatológicos y el continuo movimiento natural de las aguas. Por otro lado, quizás sean un evidente ejemplo de las muchas ciudades que quedaron sumergidas y de las que nadie sabe de su existencia porque continúan todavía escondidas en las profundidades de los océanos.

Conforme a lo que analizaremos a continuación podemos deducir que la Atlántida nunca estuvo en el océano Atlántico como siempre se ha creído y América es y siempre fue en realidad la Atlántida, ya que como menciona Platón en sus narraciones la Atlántida se encontraba muy al oeste de las columnas de Hércules, y su superficie era mayor que Asia y Libia juntos (Libia nombre que se le daba al norte de África en la época de Platón y aparentemente ocupaba la cuarta parte de este continente). Si sumamos la extensión de estas tierras, sus dimensiones serían las siguientes:

Superficie de Asia	44 500 000 km2
+	
Libia (cuarta parte de la superficie de África)	8 275 000 Km2
Superficie de la Atlántida	52 775 000 km2
-	
Superficie del océano Atlántico	85 133 000 km2
Superficie que el océano Atlántico ocuparía en caso de que la Atlántida estuviera en ese lugar	- 32 775 000 km2

Como se observa, el continente de la Atlántida ocuparía un área de casi dos terceras partes, 52 775 000 de km2, del espacio donde se encuentra el océano Atlántico, 85 133 000 km. Una enorme isla ubicada en medio del continente americano, europeo y africano. Una gran masa de tierra que al hundirse tendría que haber dejado un espacio gigante que debió haber sido ocupado por el agua, mostrando un mayor volumen territorial en los continentes, al bajar el nivel del agua. Por lo que los restos arqueológicos que aquí presentamos no deberían estar bajo el agua. Tratemos de comprender qué habría pasado si el continente de la Atlántida (un continente casi del tamaño de América 43 000 000) se hubiera hundido como dicen las leyendas. A mi entender, es más viable la teoría de la deriva de los continentes del meteorólogo alemán Alfred Wegener, publicada en 1915. En la que se explica que existió un continente único y enorme al que llamó Pangea, el cual se dividió y separó dando origen a los continentes que hoy conocemos. Esto lo podemos comprobar, pues como un rompecabezas las piezas (continentes) coinciden exactamente. La parte poniente del continente africano embona exactamente con la parte sur del continente americano y la parte norte del continente americano a su vez encaja con el continente europeo y africano. Cabe señalar que no queda espacio en el que haya lugar para otro territorio, en consecuencia, el continente de la Atlántida no pudo estar situado entre América, Europa y África. La figura 3 muestra el mapa de Pangea[10] y en **la figura 4** aparece un mapa actual

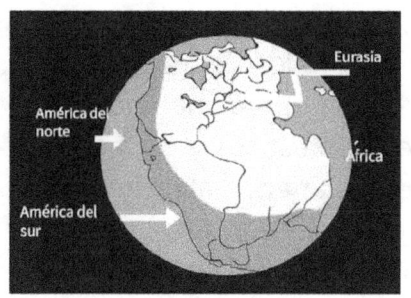

Figura 3   Figura 4

Si comparamos la superficie que señala Platón que tenía el continente de la Atlántida, 52 775 000 km2, contra el continente americano, 42 500 000 km², sus medidas son muy cercanas, por lo que la Atlántida pudiera ser América. Las imágenes que aparecen más adelante muestran construcciones submarinas que bien podrían ser parte de la Atlántida, hoy América. Por su puesto que existe la posibilidad de que no sea así, pero entonces ¿quiénes fueron los constructores?, ¿pudieron salvarse algunos de sus habitantes? ¿A dónde se fueron?

La Atlántida fue descrita como una isla enorme del tamaño de un continente ubicada más allá de las columnas de Hércules. Cuando los dioses repartieron el mundo, a Poseidón le correspondió la Atlántida por lo que él era el amo y señor de estas tierras. Este dios se enamoró de Clito con la que tuvo diez hijos, por lo que dividió la isla en diez reinos. Al hijo mayor Atlas o Atlante, le entregó el reino de la montaña rodeada de círculos de agua. En honor a Atlas, la

10   Recuperado de https://www.google.com/search?q=pangea+map&tbm.

isla entera fue llamada Atlántida y el mar que la circundaba Atlántico. De acuerdo con la ley atlante, los reyes deberían ayudarse los unos a los otros en lugar de combatir, y esto lo hicieron por muchas generaciones trayendo paz y prosperidad a la isla, que era abundante en recursos, pues había toda clase de minerales, dentro de los que destaca el oricalco (cobre de montaña) más valioso que el oro para los atlantes, grandes bosques que proporcionaban ilimitada madera, numerosos animales domésticos y salvajes (especialmente elefantes), copiosos y variados alimentos provenientes de la tierra. Alcanzaron un importante desarrollo científico, tecnológico y espiritual. Los habitantes de la Atlántida llegaron a dominar el oeste de Europa y el norte de África, hasta ser detenidos por los atenienses, cuando en ese momento sucedió una catástrofe que hizo desaparecer a la isla y a los ejércitos rivales en un solo día y una noche.

Algunas narraciones mencionan que los atlantes fueron seres de gran estatura, las imágenes de las construcciones que aquí presentamos son de gran tamaño, por lo cual suponemos que sus habitantes también fueron seres de una estatura considerable, y si a esto le sumamos la gran cantidad de leyendas que hay sobre la existencia de gigantes, cabe la posibilidad de que algunos de sus habitantes pudieron sobrevivir a la catástrofe.

Quizás la imagen que hemos llamado El rostro del dios olvidado del continente perdido sea una representación de Poseidón el amo y señor de la Atlántida, y quizás en el golfo de México y el mar Caribe se encuentren los restos de algunas de las ciudades atlantes y las demás estén dispersas en el continente de las cuales solo se han encontrado sus ruinas, y otras todavía continúan bajo tierra y lodo.

En esta imagen encerré con círculos los lugares donde se encuentran posibles restos arqueológicos de ciudades atlantes, sepultadas bajo la arena y el mar, después del diluvio. Téngase en cuenta que el tamaño que abarcaban las aguas del mar del golfo era mucho menor y la forma del continente diferente, **figura 5**.

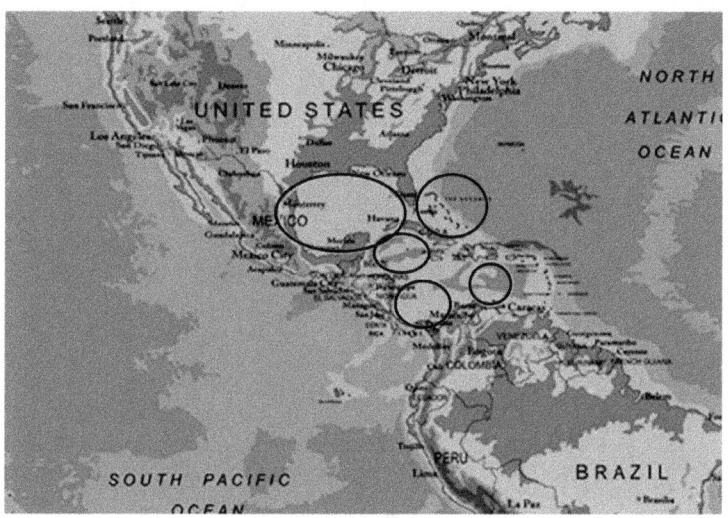

Figura 5

El médium norteamericano Edgar Cayce en su libro Misterios sobre la Atlántida describe este continente basándose en Platón, y aporta nuevos detalles de cómo esta civilización contaba con tecnología avanzada sustentada en cristales de cuarzo, que dependía de un gran cristal láser el cual construyeron para alimentar las centrales eléctricas y su uso excesivo los llevó a su destrucción bajo las aguas, debido a la sobrecarga del cristal. Esto coincide con algunas de las imágenes que presento en la página 79, **figura 38.b,** la cual corresponde al edificio de forma oval en cuya cúpula se observa un objeto esférico, que concuerda con la descripción de

Cayce sobre un cristal láser. Además en las imágenes de las páginas 74 a la 79, figuras 67 a la 79, se observa un condensador de grandes dimensiones que parece estar fundido, lo que quizás pudo ser ocasionado por un sobrecalentamiento o explosión de una central eléctrica, como lo señala este autor.

¿Son los olmecas descendientes de los atlantes?

El misterio que encierra la historia del origen de los olmecas es el mismo que el de los habitantes de El rostro, pues al parecer ningún historiador se pone de acuerdo sobre la cuna de los olmecas, es decir, no hay indicios que nos indiquen de dónde surgieron, y tal pareciera que fue súbitamente y de la nada. Algunas teorías señalan que probablemente fueron los sobrevivientes del naufragio de una embarcación procedente de alguna isla en el Atlántico, otras que venían de Sumeria, que fueron miembros de una secta llamada los cabezas negras que salieron huyendo de ese lugar y que llegaron a las costas de Veracruz. En fin, existen muchas teorías que no han sido del todo claras.

Los olmecas son considerados por muchos historiadores como la madre de las civilizaciones en Mesoamérica por sus amplios y avanzados conocimientos en matemáticas, astronomía, arquitectura, escultura y religión (adoración a Quetzalcóatl), entre otros. Conocimientos de los que no hay una evidencia clara de dónde o cómo los adquirieron, mismos que transmitieron a civilizaciones tan importantes como los mayas y los aztecas, principalmente. Además, otro punto importante por mencionar es el desarraigo que tuvieron a sus ciudades, que tal vez se debió a que no encontraron la identidad de su origen. De ahí que consideramos que los olmecas pudieron haber sido los descendien tes de los habitantes del lugar donde se encuentra El rostro del dios olvidado o formaron parte de esta comunidad de ciudades que, es probable, haya abarcado casi todo lo que hoy llamamos América y que en sus orígenes quizás fue la Atlántida

Y para muestra basta un botón, en el Parque Museo de La Venta de Villahermosa Tabasco se exhiben esculturas pertenecientes a la cultura olmeca, entre las que destaca un busto que en la cabeza trae un adorno semejante a los turbantes que los faraones egipcios usaban, **figura 6,** muy similar a la imagen que encontré cerca de El rostro, y la nombré como El rostro femenino del faraón, **figura 7**

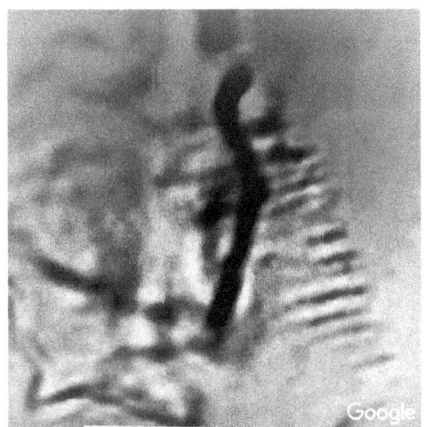

Figura 6

Figura 7

Es posible que los olmecas provenían del oriente, de mar adentro en el golfo de México y se establecieron en lo que hoy son las costas de Veracruz y Tabasco, lugares en los que mayormente se han encontrado vestigios de su cultura. Quizás su origen se encuentre al oriente de donde se habían establecido, que podría ser en el interior del golfo de México o en el mismo lugar donde se han encontrado vestigios y sus principales ciudades que desaparecieron sepultadas en la tierra. O tal vez si su procedencia correspondiera hacia mar adentro, sus ciudades fueron arrasadas por el mar, ¿podría ser que los olmecas, hayan sido descendientes de los pobladores de la ciudad donde se encuentra El rostro del dios olvidado, y a su vez esta pudiera ser la Atlántida? Y ¿por eso sus bastos y refinados conocimientos sobre construcción, astronomía, escritura, escultura, matemáticas y arte fueron tan avanzados?, y muchas de las civilizaciones mesoamericanas formaron parte de la misma comunidad que la de los atlantes, por lo que ¿sus conocimientos fueron heredados de sus ancestros de la Atlántida?

Usted tiene la última palabra sobre las deducciones que en este libro hago, solo aclaro que el objetivo es tratar de explicar el porqué de la existencia de los vestigios encontrados bajo el mar y quiénes probablemente fueron sus constructores y pobladores. Considérese, con base en las imágenes, que es muy probable que antes de nuestra civilización hubo otras o una civilización global (de la que quizás seamos sus descendientes), que abarcó todo el planeta, y a lo mejor fue mucho más avanzada, tanto en tecnología como en arquitectura, escultura, etcétera. A continuación, presento lo que considero es el mayor descubrimiento en mucho tiempo, y que puede ser una aportación para conocer lo que podría ser nuestro pasado. A lo que me viene a la memoria la frase célebre del filósofo chino Confucio que dice:

"El pueblo que no conoce su historia, está condenado a repetirla"

Esta frase la menciono para prevenir, porque debido a los cambios climáticos por los que atraviesa nuestro planeta, quizás pudiera ser una advertencia para no pasar por un desequilibrio y tomar las acciones correctivas necesarias. Considero importante conocer qué fue realmente lo que ocasionó esta catástrofe que casi, o tal vez totalmente, exterminó a una especie.

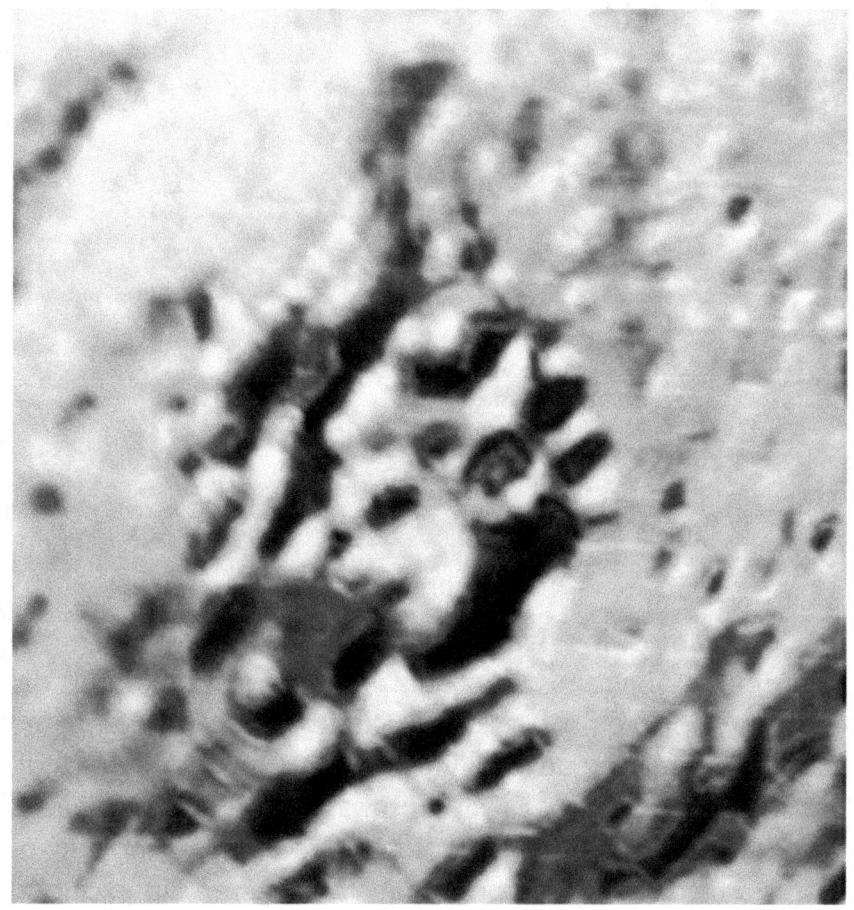

Figura 8

Imagen de El rostro del dios olvidado del continente perdido

La imagen es real, fue tomada de Google Earth. En ella se llevaron a cabo algunos efectos para poder realizar un acercamiento y observar la imagen con mayor nitidez y con mayores detalles.

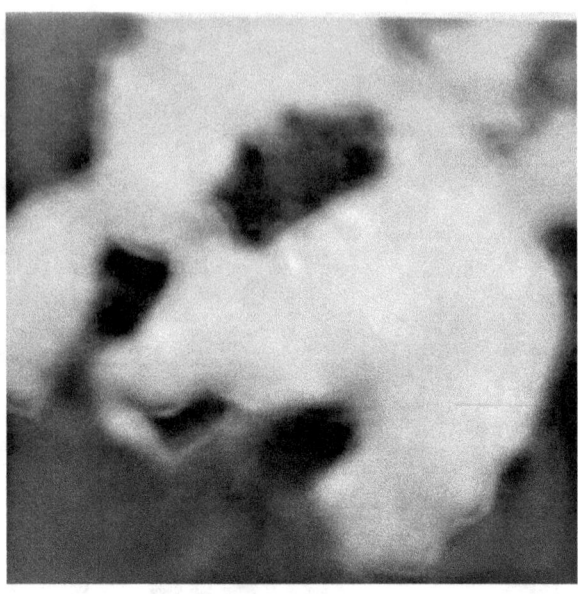

Figura 9

Observemos que parece ser el perfil izquierdo de un rostro humano, **figura 9**, se encuentra en las profundidades del golfo de México, no ha sido descubierta aún (al menos no existe evidencia). Fue hallada por el autor del presente libro en Google Maps. Es muy probable que sea el hallazgo arqueológico más importante del que se tenga conocimiento en la historia contemporánea, sin exagerar. No existe en el mundo una construcción de tales dimensiones, recordemos que mide 1.04 x 1.77 km de largo, ni de las características arquitectónicas de las que se compone esta maravilla, en la que se sincronizan varias edificaciones para conformar un rostro. Al parecer, fue realizada para ser observada desde lo alto o de la parte superior de lo que pudiera ser un gran centro ceremonial que se encuentra al frente del rostro. No podemos aseverar quiénes fueron sus constructores, a quién representa o para qué fue hecha. Quizás forme parte del continente más buscado en la historia de la humanidad, nos referimos a la Atlántida. Usted haga sus propias conclusiones, ya que lo que aquí menciono son solo mis deducciones.

Quienes realizaron esta obra debieron contar con una tecnología y una visión arquitectónica muy avanzada, posiblemente muy superior a la actual, en la que se logra una armonía en la sincronización de las edificaciones como si fuera un rompecabezas para dejar plasmado el rostro que tal vez debió haber representado a una deidad o a un personaje muy importante, razón por la cual levantaron y dedicaron este monumento, que todo en su conjunto tendría la función de un centro de adoración para la deidad o personaje.

Además, alrededor del conjunto que conforma el rostro existen una serie de construcciones que semejan ser habitaciones o casas que aparentan penetrar al interior del domo, (quizás esté hueco). Por la cantidad de construcciones concluyo que debió ser una ciudad grande y con una cantidad de población importante. Nótese que las casas o habitaciones se parecen a las de la ciudad de Capadocia en Turquía, **figura 10**. Otro aspecto significativo que hay que destacar es que por el gran tamaño de estas construcciones y de las que se muestran más adelante (pp. 49-50-51-69-93-100-105-111-112-114-116-117-119-120-124-125 y 126), cabría la posibilidad de que sus habitantes tuvieran una estatura considerable. Además, dentro de este complejo se localiza lo que semeja ser una escultura gigante con forma de conejo o quizás corresponda a algún animal ya extinto. En la parte norte, se observan lo que probablemente sean túneles, así como una pirámide de gran tamaño en la parte posterior del rostro.

Figura 10

Localización del rostro

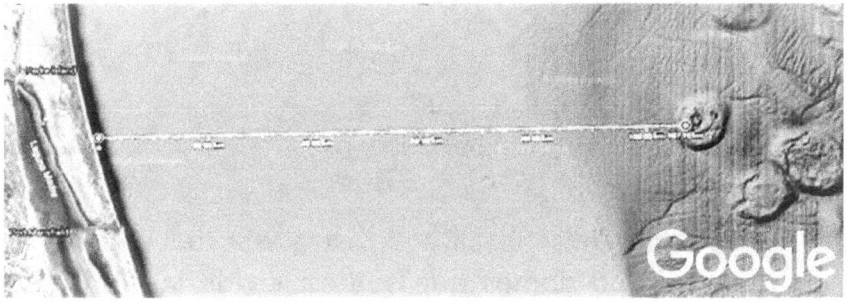

Figura 11

El rostro del dios olvidado se ubica a 107 km en línea recta al este de la Isla del Padre en Texas, EUA, dentro del golfo de México, en el montículo o domo más cercano a la costa de Texas, **figura 11** (la línea blanca señala el lugar). El nombre de dios olvidado se debe a que no existe ningún dato donde se mencione, historia o leyenda que recuerde o cite una construcción de semejantes dimensiones y sobre todo a quién se dedicó. Todo lo referente a esta construcción quedó totalmente en el olvido. Es posible que la imagen represente el rostro de un dios, porque a quién más se le puede construir tan extraordinario monumento.

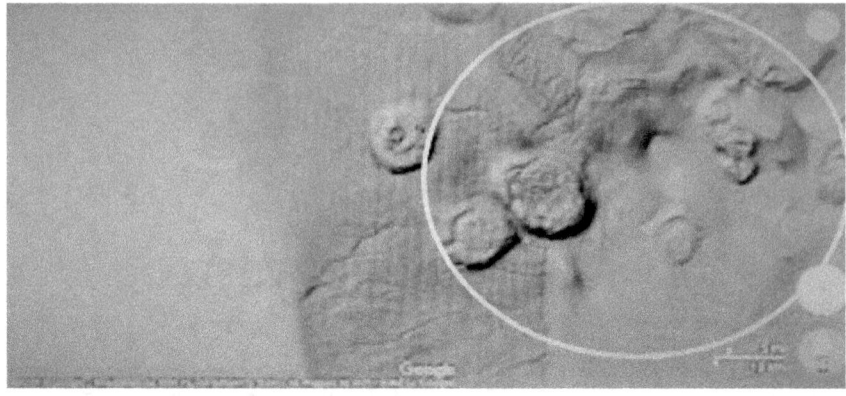

Figura 12

La zona donde se localiza el rostro está rodeada de varios montículos o domos que sobresalen de la arena, los cuales parecen estar compuestos por lava volcánica, algunos de ellos presentan rasgos y formaciones anómalas, **figura 12, (círculo)** sus atributos debieron ser borrados por los constantes movimientos del mar (erosión marina). En el pasado, estos domos pudieron estar por encima de la superficie de lo que hoy son las aguas del golfo y formar parte de las costas de lo que es la plataforma continental. Es muy probable que estos domos fueron habitados y contaron con poblaciones muy avanzadas que quizás mantuvieron contacto muy estrecho con otras ciudades y culturas dentro del continente, como pudieron ser los antecesores de los mayas, incas, olmecas y otras culturas desaparecidas.

El domo de nuestro interés es en el que aparece un símbolo semejante al dos arábigo porque es donde se encuentra el rostro del dios, señalado por la **flecha en blanco, figura 13.**

En este acercamiento se observa que el número dos empieza a disiparse y del lado izquierdo se advierte el rostro que forma la parte central de lo que parece ser un conjunto de edificaciones que están a su alrededor, como si se tratase de un centro ceremonial. En el entorno existen otras construcciones, que semejan estar grabadas, pero no se aprecian claramente.

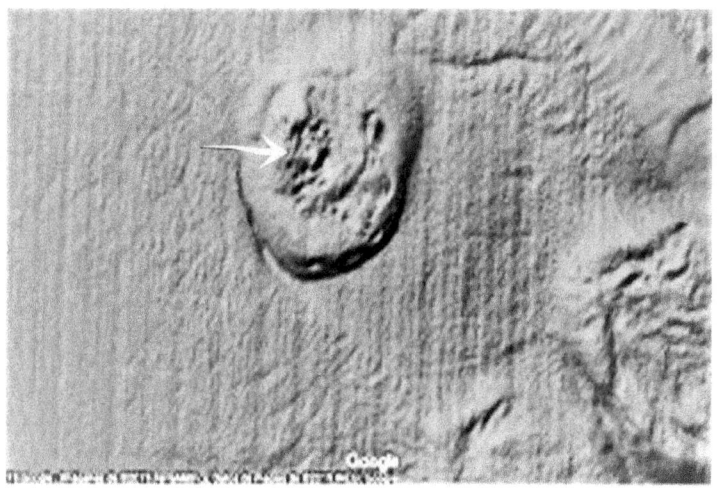

Figura 13

Composición del domo del rostro

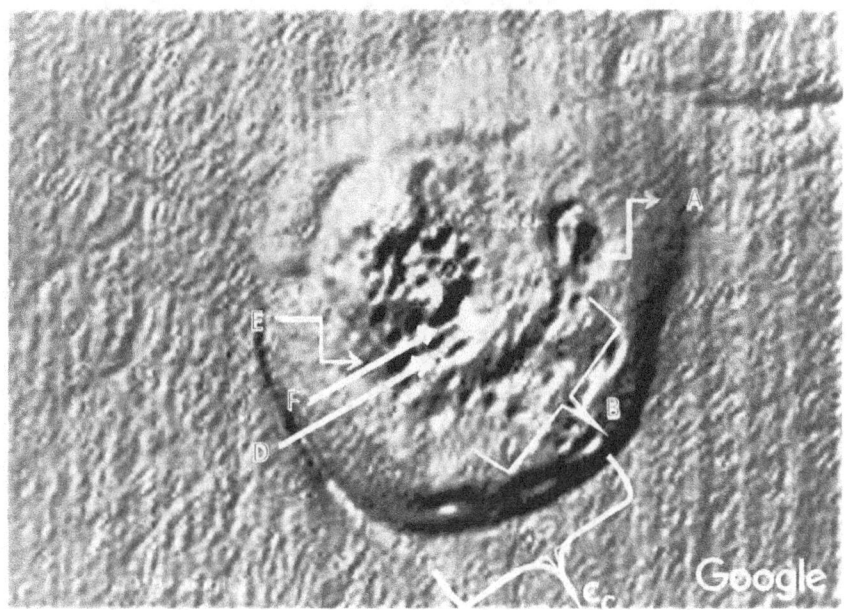

Figura 14

En esta otra aproximación se observa más definido el rostro y lo que hay a su alrededor: del lado derecho, es posible que sea una pirámide **(A)**. Hacia abajo de ella existen hondonadas **(B)**. Más abajo, en la pared del domo, se aprecian unos hoyos con forma cuadrada **(C)** que podrían ser ventanas, no se alcanzan a distinguir claramente, debido a que al aplicar el zoom se distorsionan las imágenes. En la parte inferior del rostro existen unas escalinatas **(D)** que parecen comunicar con un edificio ovalado. Este edificio al centro tiene una especie de cúpula y se encuentra frente al rostro **(E)**. Hay otras escaleras al lado, pegadas, que parecen comunicar hacia lo que sería otra construcción no identificada **(F)**, pero que podría ser una pirámide, **figura 14**.

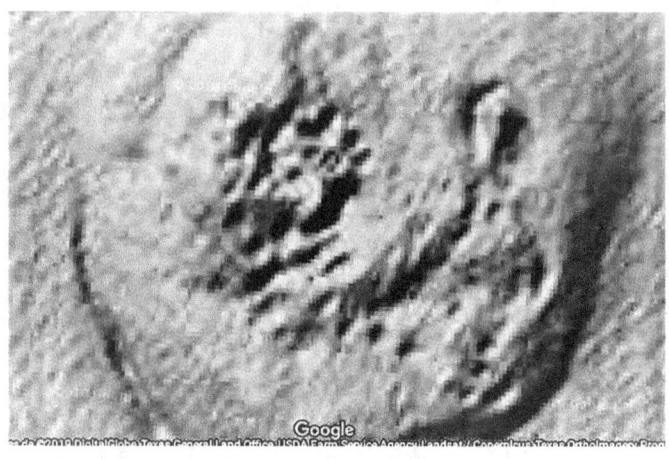

Figura 15

Aquí se aprecia mejor la fisonomía del rostro, notemos que la cara presenta una inclinación aproximada hacia el suroeste (S45°O), como contemplando al interior del continente, **figura 15**. Quizás originalmente el rostro del dios olvidado estuviera orientado hacia lo que era el norte geomagnético de la tierra, el cual debió haber sufrido alguna alteración que modifico la inclinación de la tierra, provocando grandes catástrofes como el diluvio. El rostro presenta aparentemente rasgos caucásicos, un delgado bigote, una barba escasa y una nariz un tanto prominente. A simple vista se puede distinguir que la parte posterior de la cabeza se encuentra cubierta por una serie de ornamentos, que no se aprecian del todo, y que aparenta ser algún tipo de corona como las usadas por los reyes del medievo o tal vez un penacho como los utilizados por las culturas mesoamericanas. Arriba de la frente sobresale lo que recuerda la forma de un peinado de coleta, como los que actualmente se leconoce como peinado de coleta de burbuja y que lo usan las mujeres principalmente, en la anigüedad eran muy utilizados por los orientales y egipcios. Un ejemplo lo encontramos en el peinado de los genios de las lámparas de los cuentos árabes. También, se aprecia lo que parece ser un arete u orejera.

Es de resaltar que por las dimensiones que presenta el rostro, la forma en que se encuentra construido y las edificaciones que se localizan a su alrededor (que más adelante mostraré), no creo que exista en el planeta ningún otro tipo de construcción que se semeje a estas, por lo que puedo decir que son únicas.

El bigote, la barba y los rasgos caucásicos nos hacen pensar que el rostro tiene mucha semejanza con las descripciones que hacen de Quetzalcóatl los primeros cronistas españoles, quienes se basaron en información que recabaron de ciertos documentos llamados huehuetlatolli[11] (antiguas palabras).

---

11 Recuperado de http://neomexicanismos.com/mexico-prehispanico/leyenda-de-quetzalcoatl-biografia-serpiente-emplumada-maya-azteca-mito/.

Similitudes entre los olmecas, Quetzalcóatl y El rostro del dios olvidado

La adoración a Quetzalcóatl, los conocimientos astronómicos, las habilidades artísticas, la sofisticada medición y registro del tiempo, el dominio de la escritura, la pintura y las artes, la escultura, la arquitectura basada en cálculos precisos, así como una fina artesanía y orfebrería, indican el avanzado grado de conocimientos y evolución que tenían los olmecas. Ellos, a su vez, los transmitieron a las diferentes tribus que habitaron Mesoamérica, lo que demuestra que los olmecas procedían de una cultura muy avanzada. Esto me hace especular que podrían ser del mismo lugar donde se encuentra el rostro, o cuando menos hubo uncontacto estrecho con los habitantes de la región donde se encuentra el rostro.

La leyenda y el culto a Quetzalcóatl estaban tan ligados en las culturas mesoamericanas que contribuyeron enormemente en la conquista de México, debido a que a la llegada de los españoles a México, Moctezuma creyó que Cortés era el mismo Quetzalcóatl y que con él se cumpliría la profecía del regreso del dios y del final del esplendor mexica. Esta idea le debió surgir a Moctezuma, cuando recibió información de que había llegado gente proveniente del mar de la parte oriente, con la piel más blanca que la de ellos y en su mayoría con barba, por lo que pensó que era el mismo Quetzalcóatl.

Según las leyendas, esta deidad partió de Coatzacoalcos, Veracruz, y se dirigió hacia el oriente en el mar. Cortés venía del mar y del oriente, así que la posibilidad de que fuera el dios era alta.

No se sabe realmente cómo era físicamente Quetzalcóatl, y quizás Moctezuma sí lo sabía, en consecuencia, dio por hecho que con esas facciones y por venir del mar oriente Cortés era Quetzalcóatl. Eso también debió determinar por qué los primeros cronistas de la conquista lo describieron de piel blanca y barbado. Aunque ninguna de las leyendas señala claramente de dónde procedían los olmecas, al parecer venían del este hacia lo que hoy es el golfo de México, donde su lugar de origen había desaparecido, y tal vez muchos de los conocimientos y habilidades habían sido aprendidos en ese lugar de origen.

El rostro y las culturas árabes y orientales

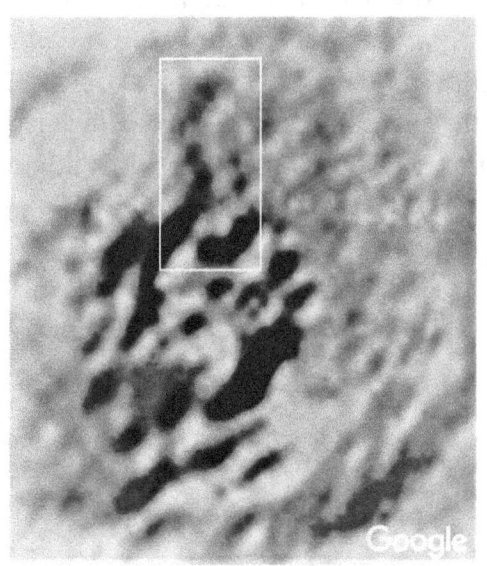

Figura 16

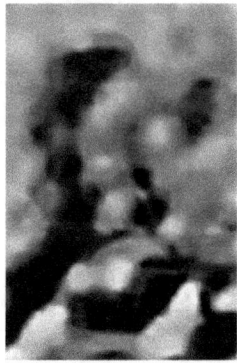

Figura 16a

Aquí se puede apreciar el tocado con peinado de coleta. En la **figura 16** se observa la imagen del rostro completo con un tocado o peinado al que se le conoce actualmente en occidente como coleta de burbujas y que vemos que sobresale de la parte superior de la cabeza., En la **figura 16.a** como se aprecia más cerca, el peinado nos remite a las culturas orientales y árabes, nos transporta a los relatos de Las mil y una noches, específicamente al de Aladino y la lámpara en el que el genio de la lámpara tiene una coleta parecida. Los genios son de suma importanciaen la tradición islámica. El libro sagrado del Córan les dedica un capítulo entero, ahí se menciona la importancia que tuvieron en la cultura árabe y en otras más.

El peinado de coleta que presenta El rostro del dios olvidado puede ser indicio de que hubo algún contacto o acercamiento entre las civilizaciones mesoamericanas con las árabes u orientales y gran influencia en la cultura de lo que hoy es Egipto o del pueblo que construyó las pirámides, la esfinge y demás edificaciones. También podría ser que los constructores de El rostro fueron los autores de las construcciones de las pirámides egipcias y de muchas otras grandes edificaciones mundiales como las de Machu Picchu o Tiahuanaco que se encuentran en ruinas, además de las que permanecen ocultas en la selva o bajo tierra y mar, y que fueron construidas antes del diluvio

Las dimensiones de El rostro del dios olvidado

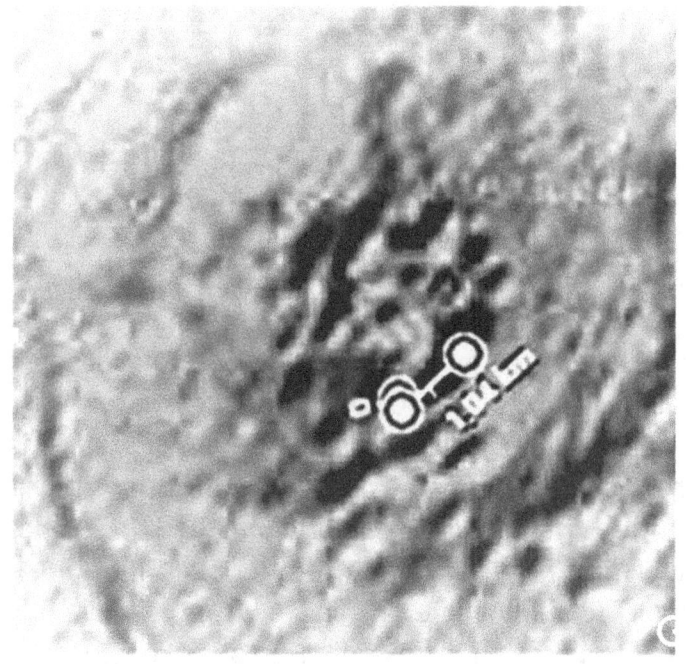

Figura 17

Como ya lo habíamos mencionado en páginas anteriores, El rostro del dios olvidado es de dimensiones colosales. A través de Google Maps se obtiene una medida de poco más de un kilómetro (1.04), que va desde la punta de la barba del rostro hasta donde empieza lo que parece ser una orejera, **figura 17**. No hay otra escultura ni edificación semejante en el mundo

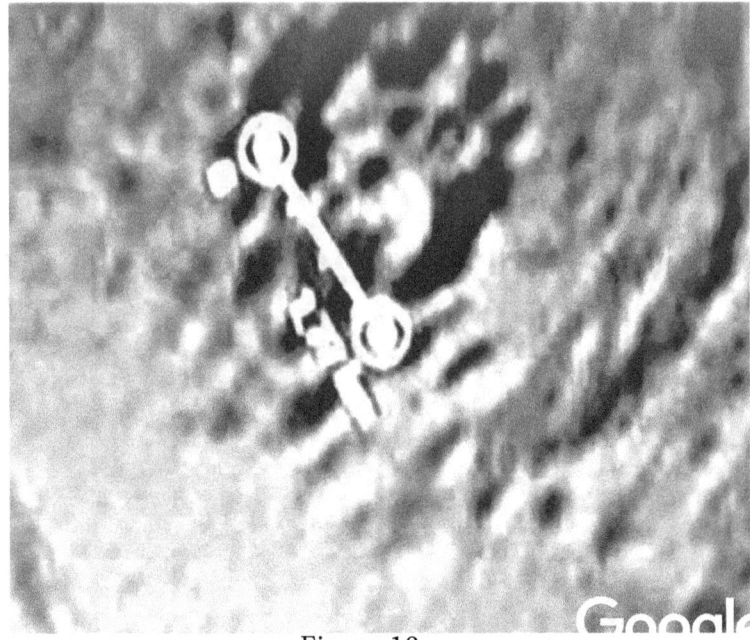

Figura 18

Desde la punta de la barba hasta donde termina la frente su longitud es de un kilómetro setecientos setenta y siete metros (1.77), **figura 18**. ¿En qué parte de nuestro planeta existe una construcción de tales dimensiones? ¿Cómo es posible que algo tan grande no haya sido descubierto o visto?, sobre todo que en la actualidad se cuenta con herramientas como Google Maps y Google Earth, entre otras. Quizás, sí estén descubiertas, pero podrían existir personas o grupos a los que no les interesa que estas imágenes y la información salga a la luz y a lo que se pudiera generar de ellas

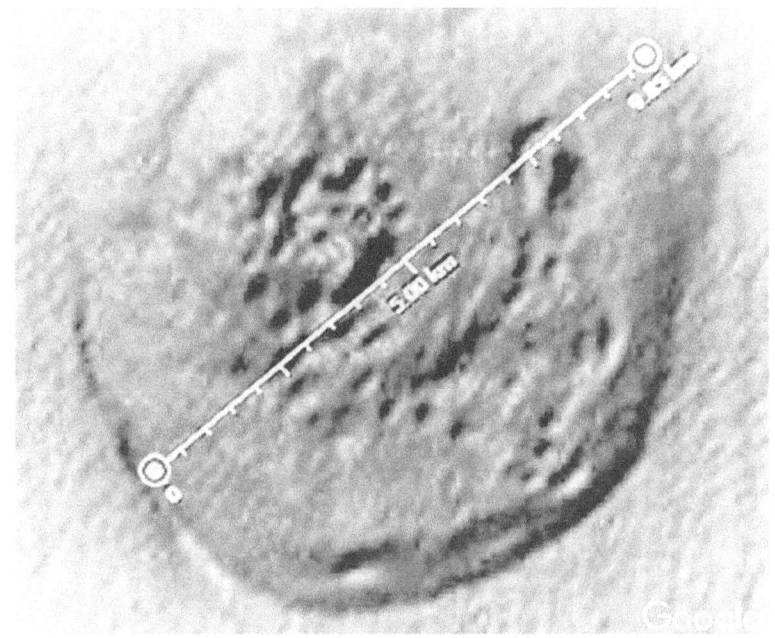

Figura 19

Como se observa en la **figura 19** la medida del tamaño del domo donde se encuentra el rostro, en su parte más ancha, es de casi 10 km (9.85). Además de considerar que alrededor existen otras construcciones, es posible que el domo haya albergado una ciudad. Como veremos en la siguiente página.

Otras imágenes con perspectivas diferentes del rostro

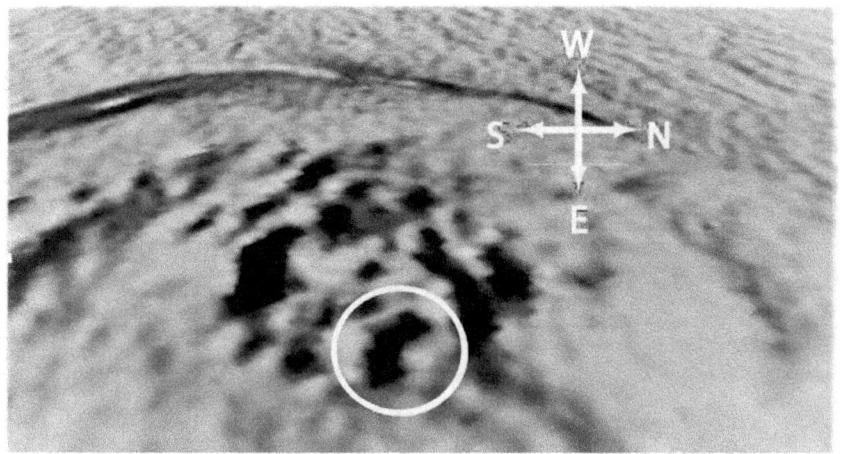

Figura 20

Notemos que es otra perspectiva del rostro, tomado en 3d en Google Earth, **figura 20,** donde aparece la cara girada viendo hacia la parte superior. La imagen fue ampliada para que usted tenga otro aspecto y otra vista del mismo, aunque al aumentar el tamaño se pixela. Además, se observa un espacio (círculo blanco) en la parte superior de la cabeza que no se distinguía en la anterior perspectiva, asimismo la imagen está tomada desde un ángulo más inclinado, no desde la parte superior. De este modo podemos afirmar que no se trata de una pareidolia y que no estoy inventando lo que estoy presentando. También se aprecian las construcciones que existen a su alrededor.

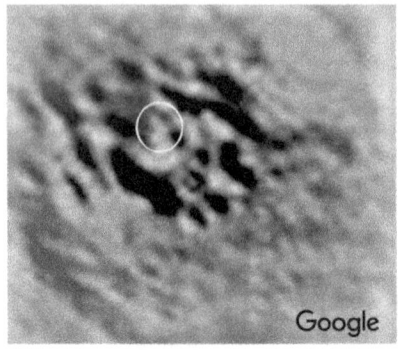
Figura 21

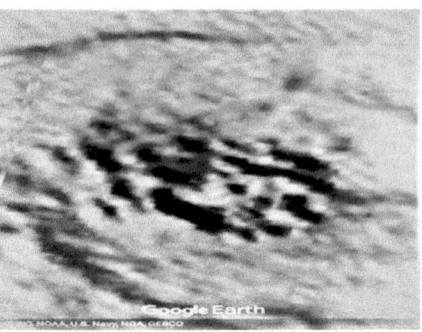
Figura 22

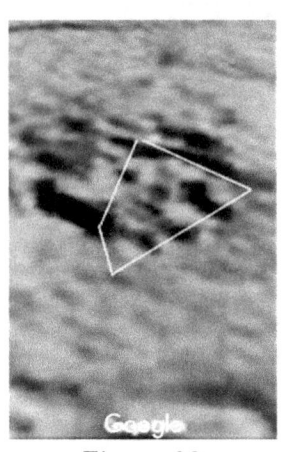
Figura 23

Estas tres imágenes, **figuras 21, 22 y 23,** fueron tomadas desde el lado derecho, parte posterior del rostro. Se observan construcciones piramidales, que anteriormente al inicio nos habían parecido orejeras. Claramente se trata de una variedad de pirámide **(trapecio),** con escalinata que parece subir hacia el rostro y otra piramide que parece ser la nariz del rostro **(figura 21 (círculo).**

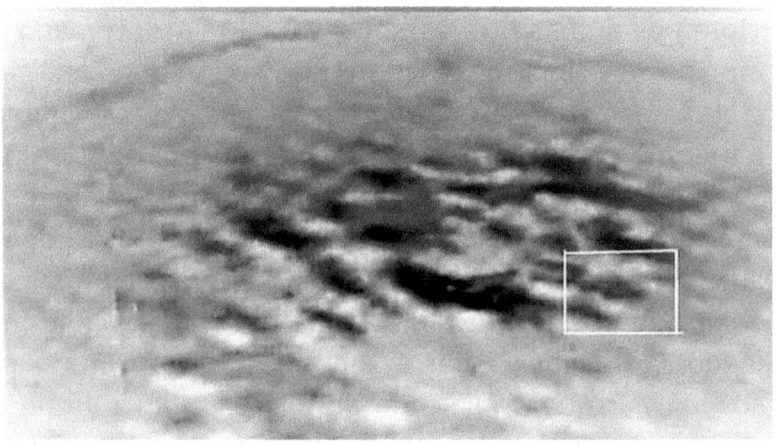
Figura 24

En la **figura 24,** obsérvese en la parte baja y al lado de donde inicia la pirámide, sobresale una cabeza semejante a la de una tortuga, o tal vez sea una esfinge, con sus patas hacia el frente **(cuadro).** La pata derecha parece que es una escalinata que sube también a la pirámide y esta hacia el rostro, y más arriba hacia otra construcción.

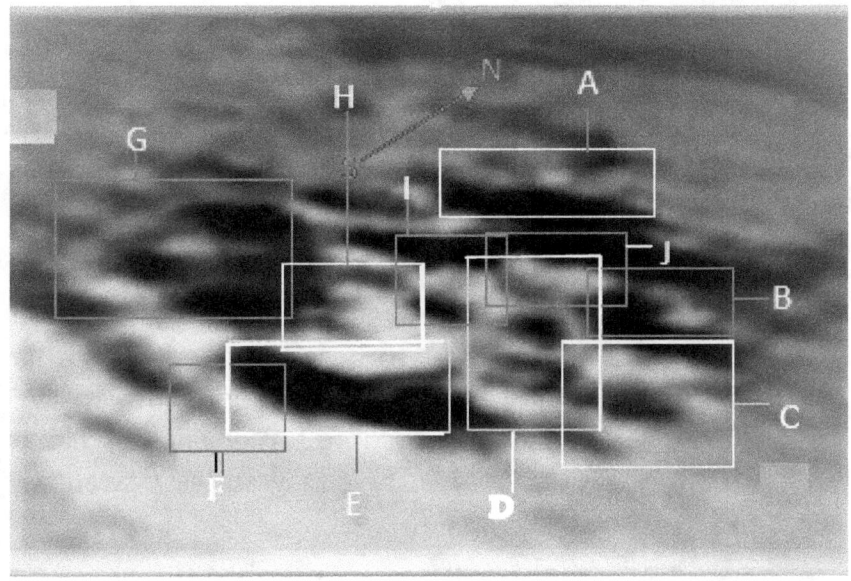

Figura 25

Para ver con mayor detalle cada uno de los componentes del rostro, se indicaron con rectangulos, flechas y letras las partes de las que se integra el rostro y lo que se encuentra a su alrededor, **figura 25**. La imagen es real y sin ninguna modificación.

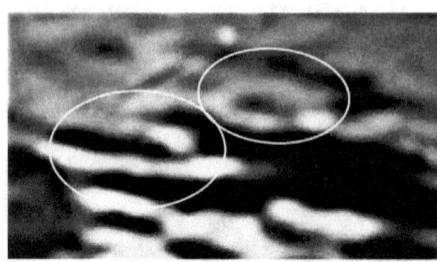

Figura 25a

25.a En esta imagen se pueden distinguir las siluetas de las construcciones de la parte superior de la cabeza, aunque no su forma real. Además, se aprecia en la parte superior una especie de cúpula (arriba del círculo).

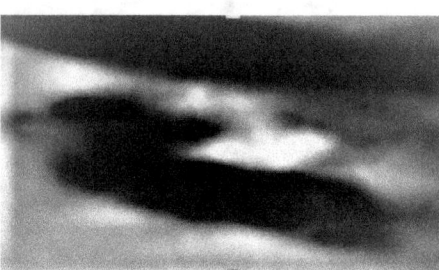

Figura 25.b

25.b En la parte superior de la pirámide se observan construcciones rectangulares que van en orden ascendente hacia la parte superior del rostro, como si fuese una escalinata con grandes descansos.

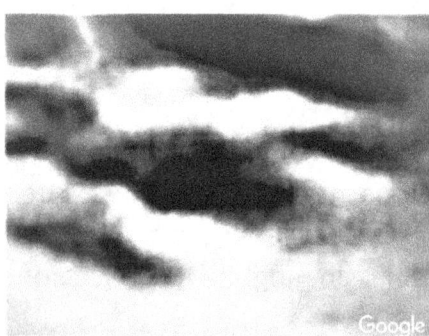

Figura 25.c

25.c Aquí se aprecia la silueta de un cuerpo algo semejante a una tortuga de la que sobresalen sus dos patas y la cabeza o probablemente es algo similar a una esfinge. Su pata derecha parece ser una escalinata que sube a la pirámide que está detrás de ella.

Figura 25.d

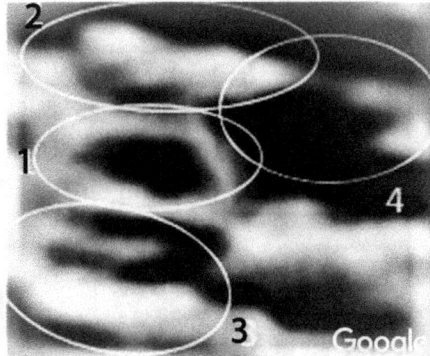

Figura 25.d.1

25.d La imagen pertenece a la parte posterior de la cabeza del rostro, lo que habíamos descrito como una orejera. En realidad, corresponde a lo que parece ser una pirámide truncada, pero muy diferente a lo que hemos visto comúnmente, debido a que está hueca por dentro. Da el aspecto de ser una pared o estructura que en su parte alta **(1)** es una pirámide truncada con una especie de ventana que al centro tiene un espacio abierto como si fuera una ventana con forma de trapecio que sostienen un techo con una estructura que parece ser un caracol **(2)**. En la parte baja es una construcción de forma ovalada, también con un espacio al centro inclinado **(3)** y de tamaño considerable que se encuetra al descubierto **(4)**, por lo que puedodo suponer que la parte baja por dentro sirvió para la la realización de grandes eventos. La estructura de la parte baja tiene dos oquedades como si fueran ventanales. El ventanal de la parte baja parece ser que en su interior posee lo que se asumiría que son escaleras (3) para comunicarse al rostro y a su parte superior.

Figura 25.e

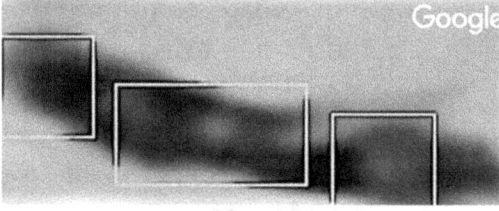

Figura 25.e.1

25.e . - Observemos que en estas imágenes que corresponden a la parte baja del rostro, la barba, en el lado derecho que sube hacia el mentón, figura **25.e,** hay sombras en forma de círculos las cuales están señaladas por cuadros blancos, figura **25.e.1**. Aunque no se distingue su forma exacta, semejan ventanas y puertas de entrada. Esto quiere decir que la parte baja del rostro podría estar hueca y contar con habitaciones, de modo que no solo se trató de un centro ceremonial de adoración, sino que posiblemente estuvo habitado y fue una ciudad.

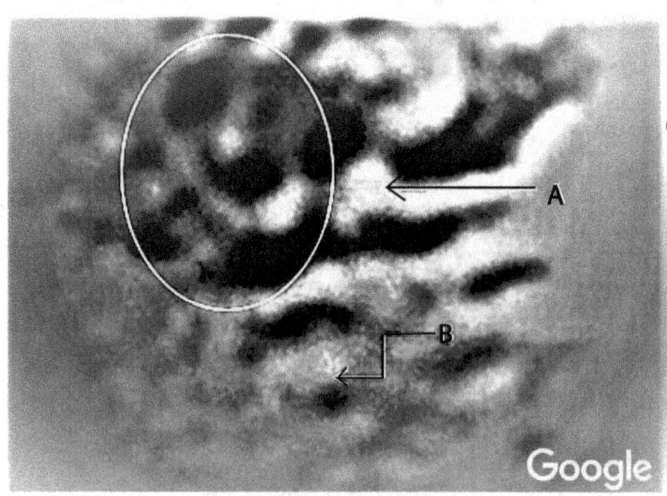

Figura 25.f

25.f La primera impresión que recibí de esta imagen es que se trataba de un altar, en el que al final hay una forma redonda **(círculo)** que no se distingue bien qué sea, quizas porque puede estar erosionada. **(A)** Estas escalinatas se encuentran bajo la barba del rostro, la tercera de la parte superior, las más pegadas al rostro, conducen al edificio de forma ovalada que parece tener una cúpula arriba (óvalo). Debajo de este edificio parece ser que hay un par de escalinatas que parecen dirigirse a otra edificación piramidal o templo**(B)**.

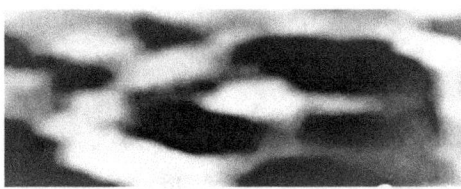

Figura 25.g

25.g El edificio oval se encuentra al frente de lo que es el rostro. Se aprecia cierta semejanza a un ocho, en cuyo centro está un edificio circular (que en la figura parece un domo), que pudo ser un adoratorio y que conecta directamente hacia el rostro.

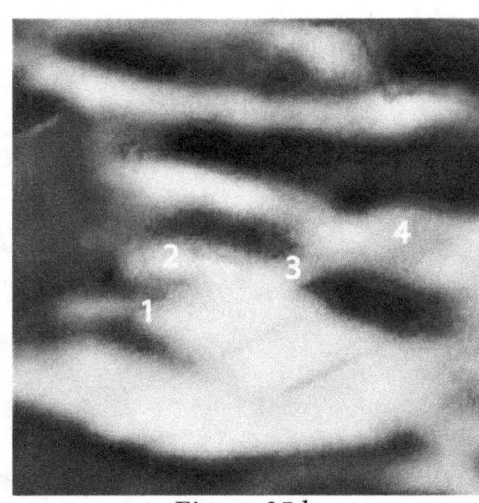

Figura 25 h

25.h Esta imagen corresponde a la nariz del rostro, que gracias al acercamiento se observa que es una pirámide escalonada con una ligera inclinación por ambos lados (derecha e izquierda). En la parte baja aparece una sombra **(1)**, la cual da la apariencia de un bigote, que remata en la punta de la pirámide con una construcción circular que parece nariz **(2)**. Por la parte superior, al centro se ve un pasillo **(3)** que conecta con el edificio que se encuentra arriba y que le da la forma a los ojos **(4)**

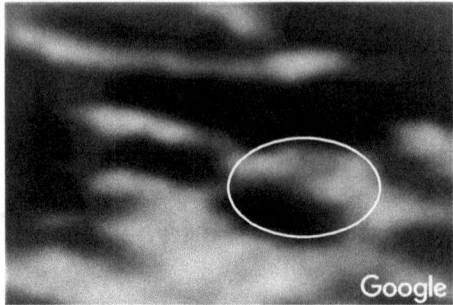

Figura 25.i

25.i Arriba de la nariz se encuentra una construcción (cirulo) que podría ser una habitación, cuyo techo se encuentra ligeramente inclinado hacia la derecha, provocando una sombra que da la apariencia de ser uno de los ojos del rostro.

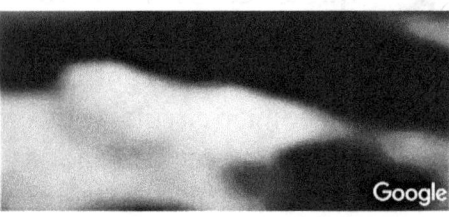

Figura 25.j

25.j La imagen corresponde a una construcción alargada en forma cónica que parece tener aspecto de un caracol, el cual se ubica arriba de la frente del rostro, una parte sobresale del techo, por el lado derecho.

Acercamiento al rostro del dios olvidado

Figura 26

Esta imagen se obtuvo sobre una interpretación de la imagen real de Google Earth, en la que se delinearon sus contornos y se realizó el dibujo para obtener una imagen más grande sin el pixelado. Observe que el rostro se aprecia más claramente y la nariz es una construcción piramidal que remata con un edificio circular, **figura 26**

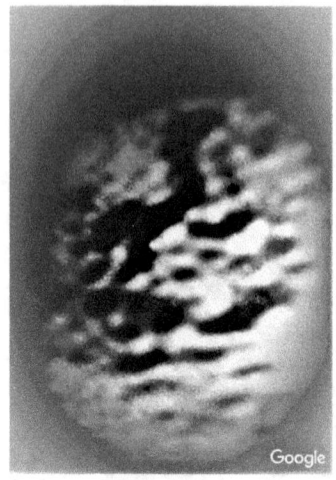
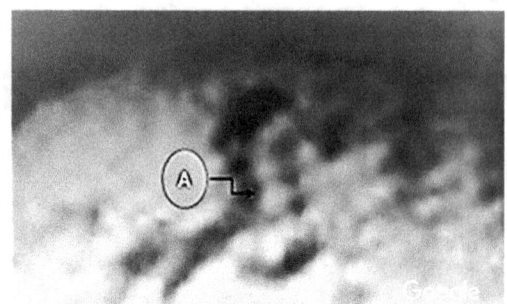

Figura 28

Figura 27

Imagen de El rostro del dios olvidado, vista desde lo alto, a la que se le aplicaron algunos efectos de contraste para poder apreciarla completa y con mayor nitidez, **figura 27,** y así poder resaltar, entre todo, el peinado de lo que aparenta ser un tocado que lleva en la parte superior de la cabeza, **figura 28.** En la actualidad (como ya lo habiamos mencionado),se le conoce como un peinado coleta de burbujas, es una forma tradicional de arreglarse el pelo en las culturas orientales y también anteriormente en la egipcia y la hindú, y que está ejemplificado en las representaciones gráficas de los djinn, en español los conocemos como genios, lo que nos hace evocar al relato de Aladino y la lámpara maravillosa de Las mil y una noches.

La creencia en una tercera raza marca una diferencia respecto al islamismo y las dos religiones monoteístas (cristianismo y judaísmo), los genios son la tercera clase o raza de seres creada por Dios, junto a los hombres y los ángeles. Los genios, a diferencia de los ángeles, comparten el mundo físico con los seres humanos y son tangibles, aunque sean invisibles u opten formas diversas.

Una muestra a la vez de la creencia popular en los genios y de que pueden ser seres dignos de devoción e imitación la encontramos en la India, en donde según la tradición islámica local, las ruinas del fuerte Feroz Shah Kotla en Nueva Delhi albergan decenas de genios o djinns, que cumplen los deseos de quienes les rezan y, sobre todo, de quienes les escriben sus peticiones en detalladas cartas[12].

Ahondemos un poco en quiénes son los genios y en su clasificación. Los genios son seres mágicos que se encuentran en los planos elementales de aire, fuego, tierra y agua, y de acuerdo a esto se les clasifica así:

Djinn. Son los genios del plano elemental del aire. Pueden formar torbellinos de aire con los que atacan a sus enemigos. Su agilidad en el vuelo les hace ser casi incapturables. Son de carácter amigable, aunque pueden llegar a ser bastante despectivos con los seres que, a diferencia de ellos, necesitan alas para volar. Su magia les permite crear comida y bebida, crear objetos de madera o metal, crear ilusiones, hacerse invisibles y adoptar forma gaseosa. Los djinn nobles son un tipo de genios que conceden tres deseos y, una vez concedidos, quedan libres de servir a su invocador.

Efreet. Son los genios del plano elemental de fuego y están hechos de basalto, bronce y llamas. Son de carácter neutral, pero se llevan bastante mal con los djinn. Estos genios habitan en un gran laberinto subterráneo, en el centro del cual vive el Kan (el Dao elegido para gobernar). Entre los enemigos de los dao se encuentran otros genios como los djinn.

Los efreet negocian frecuentemente con los dao, por lo tanto se toleran mutuamente.

12 Recuperado de https://es.wikipedia.org/wiki/Genio.

Marid. Los marids son los genios del plano elemental del agua, y son también los genios más poderosos que existen. Son seres muy soberbios, egoístas e individualistas. Rara vez se muestran en el plano primario, y aún más difícil es que un marid acate órdenes, por lo que estos genios no suelen ser invocados para servir. Pueden comunicarse con cualquier ente o criatura de cualquier plano mediante telepatía. Su control sobre el elemento agua es espectacular. Pueden subir y bajar las aguas a voluntad, crear enormes muros de agua contenida, olimorfizarse en agua, crear agua de la nada, transformar el aire en agua[13].

¿Podría ser la imagen del rostro la representación de un genio?

---

13   Recuperado de https://www.seresmitologicos.net/interplanares/genios/.

Diferentes perspectivas de la imagen del rostro

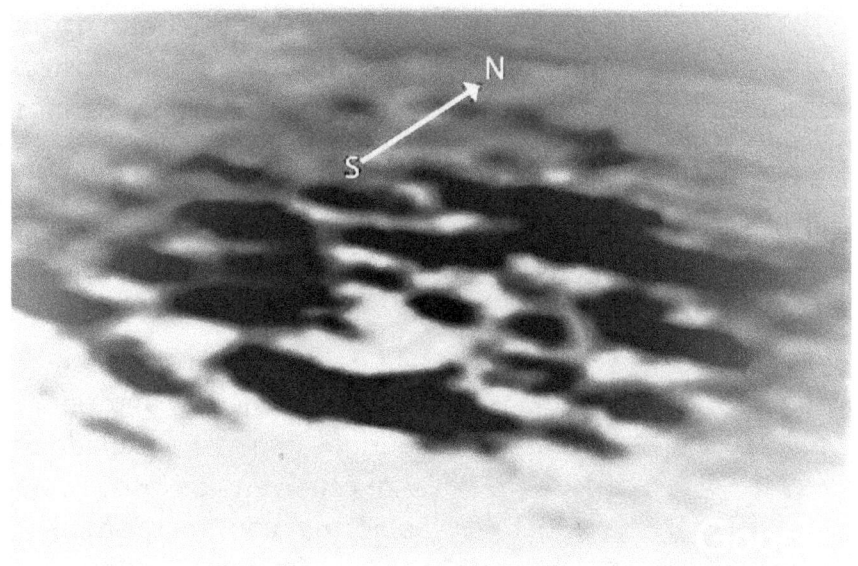

Figura 29

En esta exposición de imágenes, podremos ver desde diferentes ángulos El rostro del dios olvidado. La imagen original obtenida de Google Earth en 3d, pertenece a la **figura 29.**

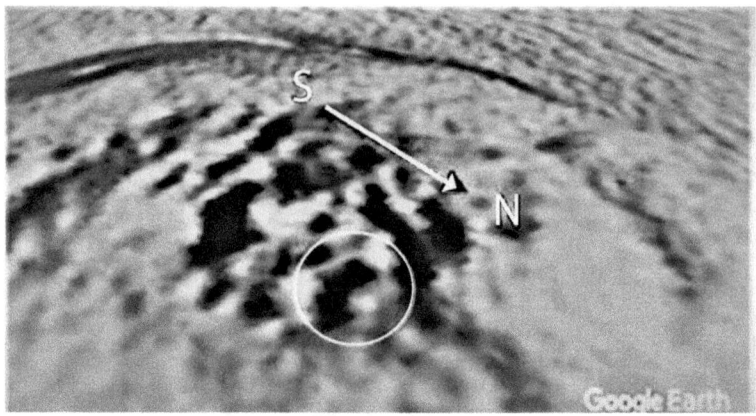

Figura 30

Aquí se muestra el rostro invertido o de cabeza, **figura 30**, se observa lo que podrían ser edificios frente al rostro, vistos desde otra perspectiva, parecen apreciarse algunos huecos detrás de la cabeza, de lo que habíamos descrito como una pared con estructura de pirámide trapezoide (círculo), en la que se aprecia un hueco que asemeja un espacio parecido a un estadio donde tal vez se celebraban eventos.

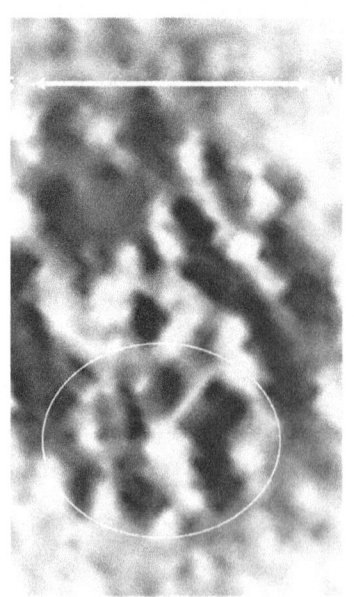

Este es un acercamiento de la figura anterior, aunque se ve pixelada. Aquí se ven los espacios abiertos con más amplitud (círculos) podemos confirmar que tal vez fue una construcción para fines diversos, ya que parece tener lo que conocemos como gradas, donde celebraban algún evento, **figura 30.a. y 30.a.1**

Figura 30.a

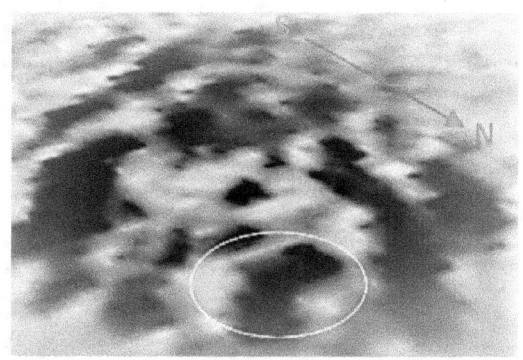

Figura 30.a.1

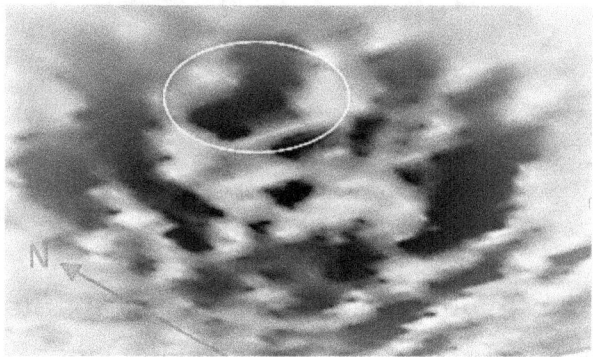

Figura 31

Notemos que el rostro está con la cara hacia abajo, **figura 31**. Se aprecia con mayor definición el espacio abierto de lo que podrían ser las gradas (círculo), así que asumo es una especie de estadio. La coleta posiblemente sería la entrada a este recinto, como se ve más claramente en la **figura 32. y ovalo figura30.**

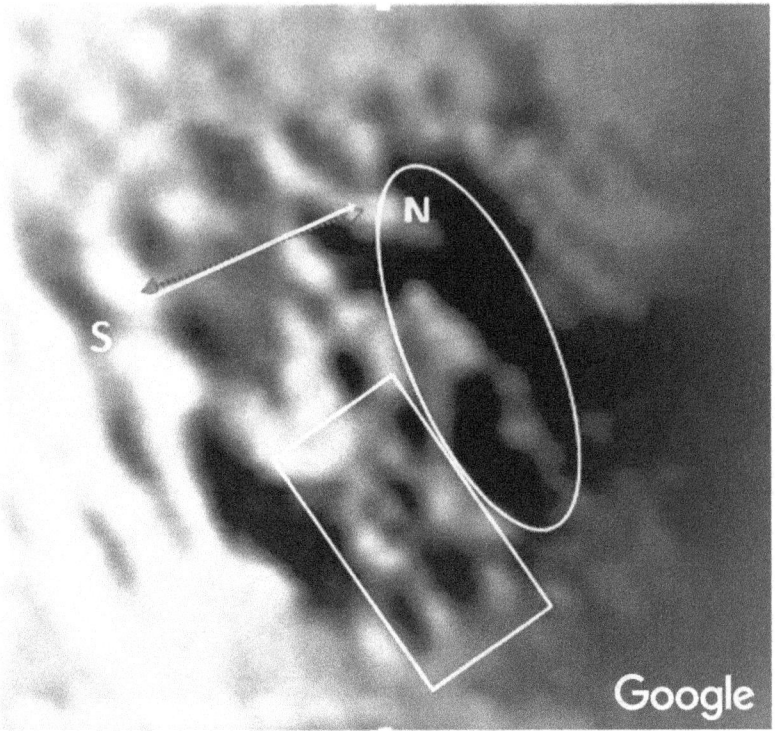

Figura 32

Desde este otro ángulo se puede ver el rostro (elipse) y lo que podría ser la entrada del estadio que está abierto de la parte del frente. Del lado izquierdo (dentro del rectángulo), se encuentra lo que aparenta ser una esfinge y se ve más clara la pared con forma de pirámide y la ventana de trapecio que parece estar más alta, **figura 32.**

La pirámide

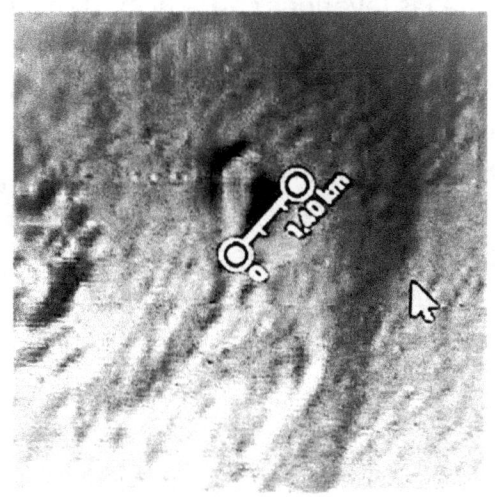

Figura 33

Dentro del mismo montículo en que se encuentra El rostro del dios olvidado, hay una pirámide localizada a un costado de la parte posterior del rostro, **figura 33**, que como ya habíamos mencionado las dimensiones de la misma son enormes, (1.4 km), y digo enormes porque no creo que se encuentre otra construcción descubierta en la actualidad, semejante o cercana en tamaño en el mundo. ¿Por qué se realizó una construcción de tan enormes dimensiones? Quizás la respuesta sea, porque los que realizaron la construcción también eran seres de tamaño mayor al promedio del ser humano actual, lo cual es una posibilidad que no se debe descartar, ya que existen gran cantidad de leyendas en todo el mundo sobre gigantes que habitaron la Tierra. Hasta en la misma Biblia, en las tablas sumerias y otros libros se menciona sobre la existencia de gigantes que vivieron en nuestro planeta. La Biblia y las tablas sumerias, por ejemplo, hablan sobre los gigantes que fueron producto de las relaciones entre ángeles y mujeres humanas, de las cuales nacieron hijos de gran estatura y fuerza.

Magallanes en su viaje por la parte sur del continente americano entre Chile y Argentina descubrió un lugar al que denominó la Patagonia (sitio donde existen huellas de pies grandes), debido a que ahí descubrió entre la nieve pisadas de pies humanos de gran tamaño. Al seguir las huellas encontró un pueblo, con el que convivió, donde sus habitantes median más de tres metros de altura, tenían el pelo rojizo y vivían apartados de cualquier civilización. Así también se han encontrado evidencias que sostienen que las leyendas sobre la existencia de gigantes tienen algo de verdad, como el descubrimiento de 2 500 martillos de 30 kilos de peso con mangos de diorita de 2.70 de largo, (la diorita es un material tan duro que solo el diamante lo puede cortar) descubiertos en una mina de cobre de la ciudad de Llandudno, en Gales, datada con 3500-4000, años de antigüedad. ¿Qué tamaño debieron tener los trabajadores para poder cargar este tipo de herramientas?

Los dibujos de las imágenes

Para ver con mayor detenimiento los detalles y demás componentes del rostro y lo que exista alrededor de él, tratamos de delinear los bordes y en primera estancia obtuvimos esbozos.

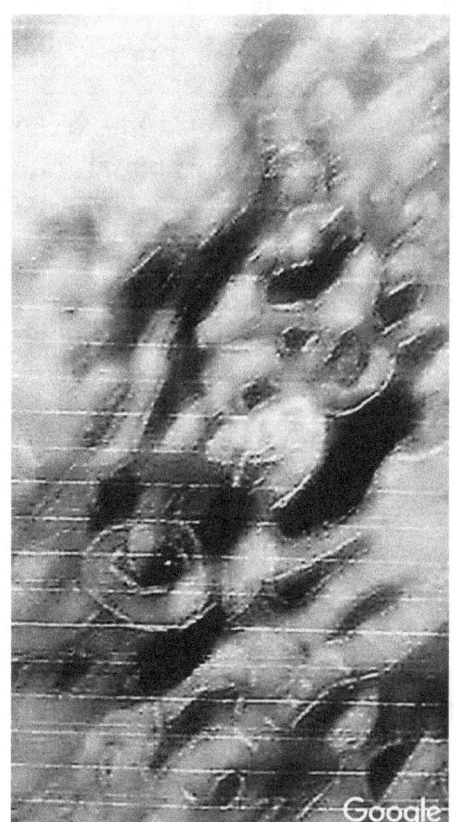

Figura 34

Esta es la imagen de El rostro del dios olvidado a la que se le aplicaron mayores efectos y se delinearon con color blanco sus bordes a fin de darle mayor claridad, **figura 34**. La intención fue poder ver con mayor detalle y en toda su magnitud los elementos que la componen. Aquí observamos con una mejor dilucidación la pirámide que da forma a la nariz. La inclinación de esta da la sombra de lo que en otras descripciones habíamos mencionado como unas escaleras que van a la parte superior del rostro, hacia los otros edificios piramidales que habíamos señalado como algo parecido a una tortuga o una esfinge con la cara saliente, pero no apreciamos ninguna particularidad o seña conocida de lo que representa. Frente al rostro sobresale un edificio que tiene una especie de cúpula y para ascender a ella del lado inferior a la cara del rostro parece que hay una escalera. Delante de la frente existen otra serie de construcciones como túneles o corredores que se dirigen hacia lo que parecen ser otras construcciones.

Al obtener la foto de la imagen delineada, verla en la computadora y aumentar el tamaño, por fin pude observar lo que se encontraba en la parte inferior del edificio ovalado con cúpula. Fue una enorme sorpresa descubrir que bajo el rostro, del lado derecho, existe una construcción que, anteriormente habíamos señalado era un par de escalinatas que subían a otra edificación piramidal o templo. En realidad se trata de la representación de un animal, que de momento no logro identificar de qué tipo es, **figura 35**. Aparentemente no se parece a otro animal conocido actualmente, además de que solo se alcanza a ver la cabeza, la parte delantera del cuerpo y la pata derecha. Tal vez pudiera ser algún animal de una especie desaparecida que se ex-

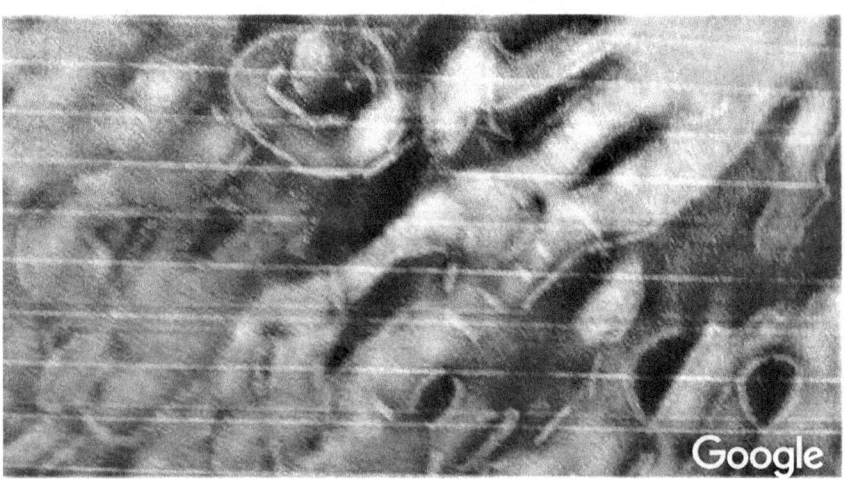

Figura 35

tinguió en el diluvio y que posiblemente antes de esa catástrofe esta especie estuviera domesticada, por lo que debió tener mucha aceptación dentro de esta cultura, de modo que esta civilización la personificó con esta asombrosa construcción, quizás para rendirle un homenaje en el domo que hemos llamado El rostro del dios olvidado del continente perdido, o simplemente se trate de una especie de conejo venerada por esta cultura.

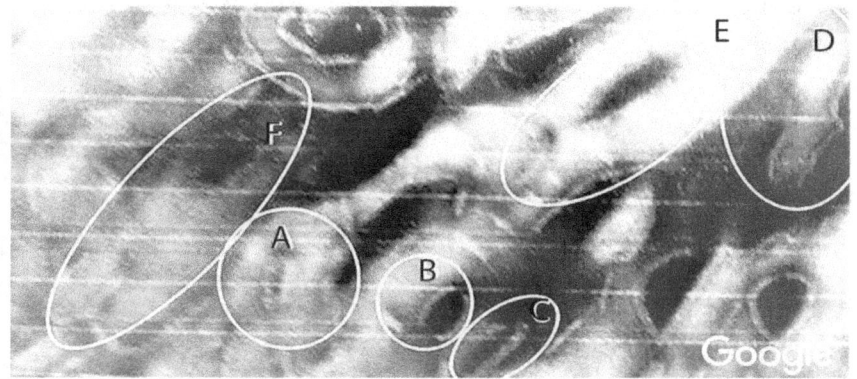

Figura 36

Al observar más a fondo esta fracción de la imagen, me sorprende que la pata delantera derecha no es como la de cualquier otro animal. Tiene una pata encogida como en posición de descanso. En esta escultura a simple vista solo se observan un par de dedos **(ver figura 36 punto A)** que parecen pinzas o quizás los otros dedos no se alcancen a distinguir **(punto A).** Se aprecia una cabeza que está calva. Bajo la cabeza **(B)** hay una ventana que simula ser un ojo y por debajo de esta existe otra obertura que le da la forma al hocico **(C)**, en la parte de atrás de lo que sería el cuerpo (D) parece ser una pata encogida.

No se alcanza a apreciar la parte delantera de la cabeza ni cómo es el otro brazo. La espalda posee del lado superior una especie de puente **(E)**, que al parecer se contacta con el brazo derecho. Este puente, el de la parte superior, forma una ligera curva hacia arriba, y el de la parte inferior la curva es hacia abajo. Del lado derecho del brazo del animal donde está la cúpula del edificio oval, hay una construcción que no habíamos visto en las imágenes anteriores. En la parte superior de este parece haber una abertura **(F)** que tal vez sería la entrada del edificio oval, lo que sí es que no encuentro la forma real del edificio. Sobre esa misma dirección a la izquierda se encuentra otra serie de pasillos o corredores que no se alcanza a distinguir su forma y que analizaremos más adelante.

Las otras construcciones alrededor del rostro

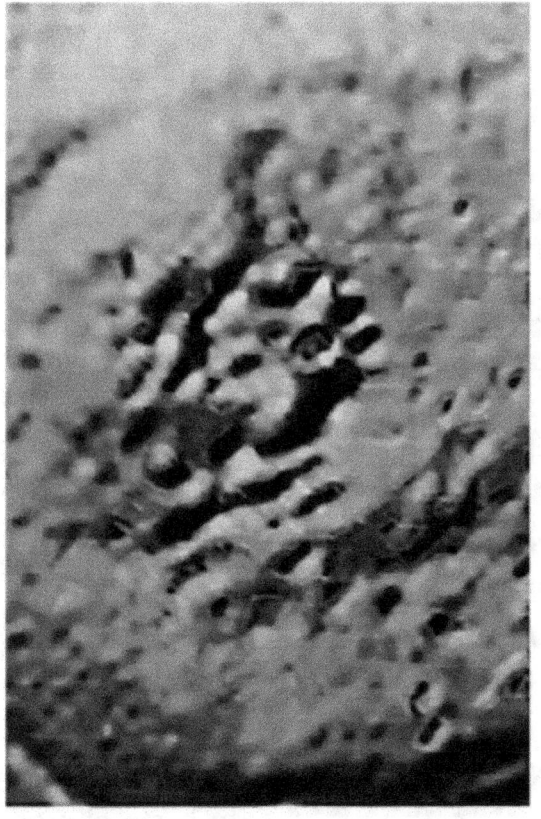

Figura 37

Imagen ampliada del montículo donde se encuentra El rostro del dios olvidado en la que se cambió el color, se agregó más brillo, mejor delineado y dibujo a los bordes, a fin de que se aprecie mejor el rostro y las construcciones que existen a su alrededor, **figura 37**. En consecuencia, se encontraron otras construcciones que no se habían visto o se veían de forma diferente, por lo que esta vez, tenemos más amplio el panorama con lo que haremos una mejor interpretación y más objetiva de lo que aquí se aprecia. Por esta razón, he identificado varios puntos que encerré con círculos, de lo que considero más relevante y extraordinario, y que he referenciado con letras para desglosar y analizar cada uno de los segmentos que la componen, **figura 38**.

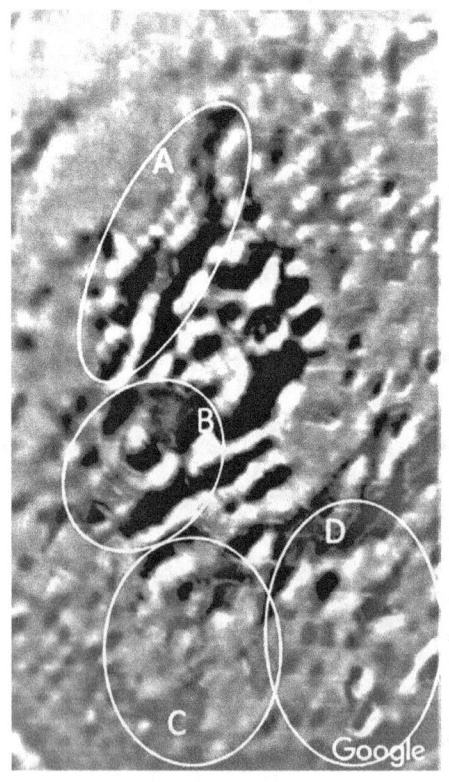

Figura 38

Tal parece que con cada cambio que se ha hecho para observar la imagen con todos sus detalles, se han apreciado más detalles y cada vez son más sorprendentes, por lo que me atrevo a considerar este descubrimiento como el más grande e impactante que se haya hecho en mucho, mucho tiempo y que tal vez cambie e influya en la forma en que vemos nuestra historia y la manera en que concebimos al mundo.

Si esto que hemos visto hasta el momento lo ha sorprendido, los nuevos descubrimientos que voy a presentar a continuación, sin temor a equivocarme, lo van a impactar, especialmente lo que se muestra en el punto B y D.

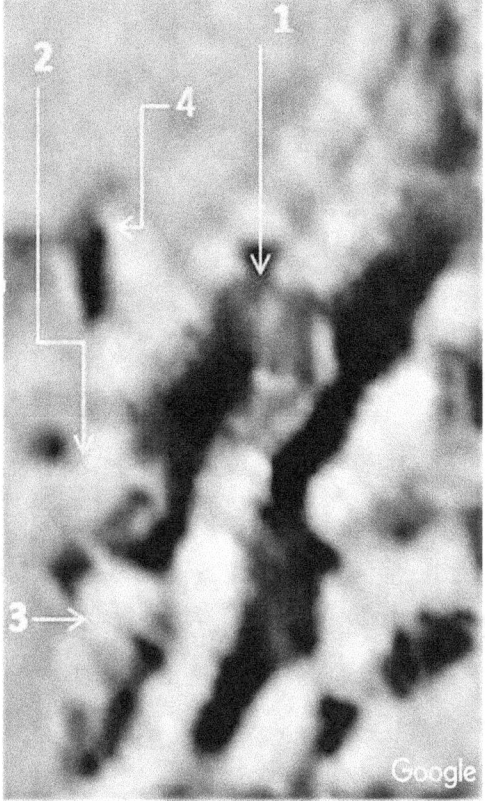
Figura 38.a

38.a En un principio, tal y como lo habíamos explicado anteriormente, lo que estaba en el lado izquierdo superior de la frente del rostro y creíamos que era un pasillo o corredor, ahora con la imagen amplificada, parece ser un túnel con un descanso o una subida **(1)**. En el lado izquierdo de este túnel se aprecia casi paralelo a este, lo que podría ser otro túnel, que en su parte inicial hay lo que aparentan ser dos grandes esferas **(2)**, y cada una de ellas con una ventana o puerta. En la parte baja de estas, hay otras dos esferas de menor tamaño **(3)**. No se distingue a dónde conducen los túneles, solo se aprecia que salen del edificio oval y se dirigen a la parte superior que parece ser una entrada, tal vez conduzca al interior del domo. Al igual que arriba de las esferas **(4)**, existe lo que parece ser una entrada o puerta al interior del montículo.

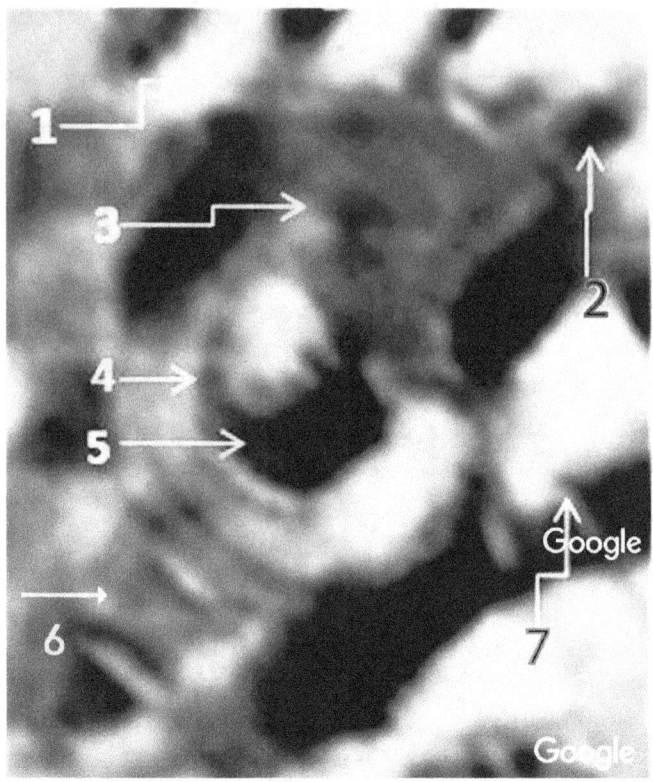

Figura 38.b

38.b Este es el edificio oval que se encuentra frente al rostro. Observemos que alrededor de él, en la parte norte, inician los túneles **(1)**, que ya los mencionamos en la figura anterior, del lado derecho se ubica la nariz del rostro **(2)**, lo que es la pirámide. Podemos ver claramente al centro del edificio oval un túnel que comunica con el rostro, aparentemente se encuentra hundida su entrada **(3)**. En la parte inferior izquierda, notemos que lo que habíamos considerado como un domo, aquí se parece más a una esfera **(4)**. Existe algo que no se había podido distinguir claramente en las imágenes anteriores y que me sorprende: la esfera aparenta estar hecha de un material diferente al resto de la construcción. La esfera es algo único, raro y enigmático, que no sé cómo explicar, ¿qué puede ser? o ¿para qué pudo haber servido? Como si fuera una imagen tomada de alguna película de ciencia ficción, la esfera esta sostenida por una construcción de forma cuadrada que la envuelve **(5)**. En la parte inferior de esta construcción del lado izquierdo **(7)** se encuentra lo que considero son escaleras que suben al edificio, da la sensación de ser un templo. Por último, **(6)** la flecha señala lo que parece ser una cresta que pudiera conectar con la entrada al interior del montículo.

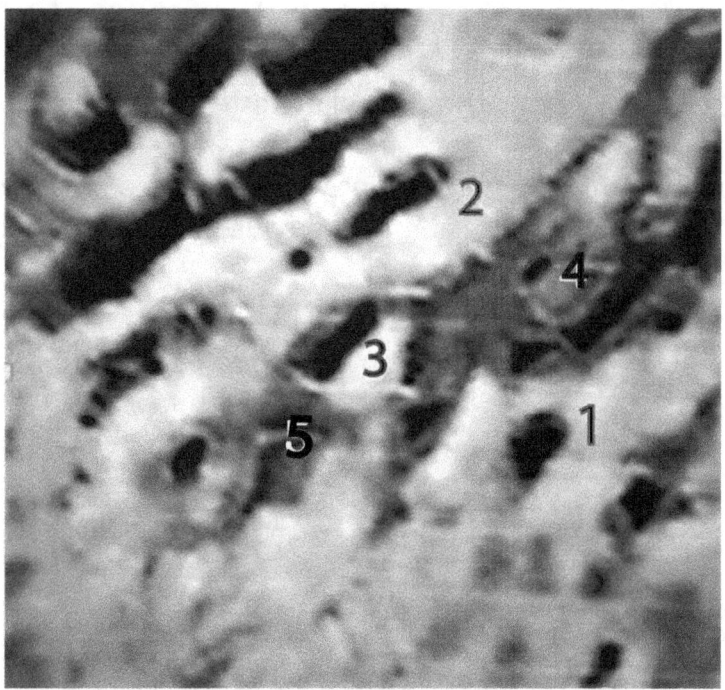

Figura 38.c

38.c Aquí aparece el cuerpo completo de la colosal escultura de un animal que no identifico. Podría ser una especie de conejo, pero el hocico no es el de los conejos, y las orejas no se distinguen claramente **(5)**. Como ya mencioné, pudiera tratarse de un animal extinto que posiblemente desapareció con la gran catástrofe que fue el diluvio y la escultura podría ser la única prueba de que alguna vez existió. Notemos que por el cuerpo figuran una serie de huecos **(1)**, que pueden ser ventanas o entradas a túneles o cuevas, de modo que no solo sirven para darle forma a la escultura, sino que también tienen otro propósito, como el de servir de habitación. En la parte del cuerpo de lo que pudiera ser el dorso, hay una especie de arco **(2)**, que forma una entrada o una ventana. En la parte trasera de la cabeza **(3)**, también existe otra forma de arco que en su parte baja hay lo que pudiera ser otra entrada o ventana hacia el interior de la escultura. En la parte trasera, abajo del cuerpo **(4)**, se encuentra lo que sería(n) su(s) pata(s) y por arriba de ella existe otra oquedad **(5)**.

Figura 38.c.1 La imagen siguiente corresponde a un acercamiento de lo que es la cabeza, de lo que pareces er la escultura de un conejo

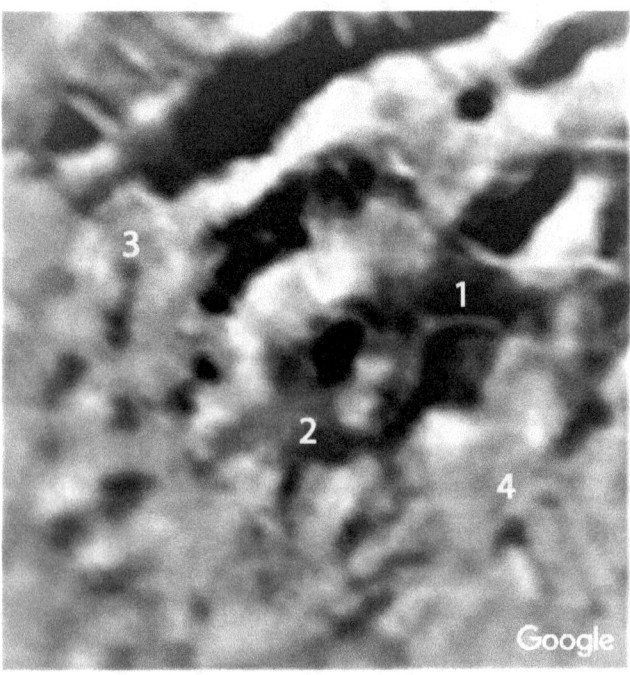

Figura 38.c.1

Una de las cosas que hacen dudar a qué tipo de especie animal pertenece la escultura es el que no se le distinguen si tiene orejas **(1)** o si podrían ser un cuerno. Una de las razones por las que no podría ser un conejo es la forma de la trompa **(2)**, ya que es alargada como si fuera un pico. Por otra parte, en la pata derecha **(3)**, como ya lo habíamos mencionado, parece ser que tiene dos garras o dedos en forma de pinzas o tenazas **(3)** y en la pata derecha izquierda **(4)** parece ser que tienehay cinco dedos en colocados de forma diferente a lo que conocemos comúnmente y que posiblemente nos da esa apariencia por la falta de claridad de la imagen, por lo que no se puede identificar a qué tipo de fauna pertenece correctamente.

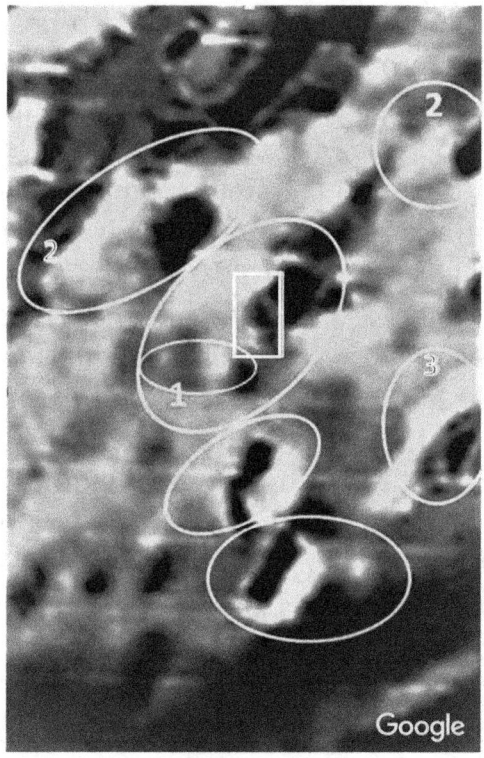

Figura 38.d

38.d En la parte baja del cuerpo del conejo, se observa lo que podrían ser estructuras de casas con orificios u oquedades que suponemos son las entradas, algunas de estas posibles casas **(1)** al costado bajo o izquierdo nuestro de lo que podría ser una pared hay una especie de montículos (óvalo interior) que parecen ser esféricos, así como en la entrada también se encuentran estos montículos **(rectángulo)**. La fachada es como un trapecio alargado hacia atrás con techo plano y los costados inclinados hacia fuera siguiendo la forma del trapecio. Estas casas **(2)** parecen embudos, otras parecen estar inclinadas y con techo de dos aguas **(3)**. Hay muchas más de forma indefinida o que aparentan ser solo aberturas. De hecho, casi todo el domo se encuentra lleno de estas oquedades, que pudieron ser entradas hacia habitaciones en el interior que es hueco. Esto nos hace pensar que la ciudad contó con una densidad alta de población y en consecuencia, fue una urbe muy importante. Además, por lo que se aprecia, sus construcciones y su tecnología eran muy avanzadas. Si lográramos ampliar más la imagen, seguro encontraríamos más sorpresas. Así que no es difícil suponer que debieron de existir alrededor y dentro del continente mismo muchas otras ciudades y culturas quizás igual o mayor de avanzadas y que posiblemente también fueron sepultadas por la arena y el crecimiento del mar junto con sus habitantes, o tal vez siendo muy osados, esta ciudad donde se encuentra El rostro del dios olvidado esté habitada y sus pobladores se encuentren dentro del domo viviendo...

La otra posible hipótesis, que ya mencioné, y que tal vez suene descabellada para muchos, es que esta ciudad es la tan buscada Atlántida, el continente perdido, lo cual tiene muchas posibilidades de ser. Desde aquí pudieron partir para compartir toda la sabiduría y la tecnología hacia todo el mundo antiguo, para la realización de construcciones como las pirámides, tanto en América como en Egipto, principalmente.

Antes de la gran catástrofe, posiblemente el domo de referencia donde se encuentra El rostro del dios olvidado debió hallarse por encima del nivel del mar y estar rodeado por agua, y no bajo el mar como hoy se encuentra, como si fuera una isla muy cercana al continente. Lo mismo debió pasar con los otros domos que hay alrededor y todos ellos a su vez estaban muy próximos al continente, en ese entonces las costas de bieron estar muy cerca, prácticamente formaban parte del continente, por lo que debieron tener mucho contacto con otras ciudades.

Existen otras teorías que tratan de explicar las causas del aumento de las aguas que dejaron sepultadas y desaparecidas a muchas ciudades y culturas ancestrales junto con su población. Por ejemplo, la que explica que la época en que pudo haberse desarrollado esta cultura fue durante una era glacial por la que atravesó la tierra y por grandes tormentas solares que provocaron grandes sequías, esto derritió los hielos polares y conjuntamente con el calentamiento generaron grandes tormentas que causaron el gran diluvio.

Otra versión sobre el diluvio la encontramos en las tablas sumerias en las que según traducción de Zecharia Sitchin, narradas en la colección Crónicas de la Tierra, El libro perdido de Enki, se indica que la proximidad del planeta X o Nibiru (según Sitchin, se acerca a la Tierra cada 3600 años) alteró el clima de nuestro planeta provocando grandes tormentas que causaron un gran desastre y cubrieron todo lo que se encontraba en la superficie. Casi ningún ser humano, animal o vegetal se salvó y muy pocas construcciones quedaron de pie y otras fueron cubiertas por la tierra o el agua.

Enlil (según la interpretación de las tablillas sumerias

por Zitchin), dios sumerio que gobernaba la Tierra y estaba a disgusto con los humanos, sabía del desastre que se aproximaba, pero como quería terminar con la raza humana dio la orden de que nadie avisara a los humanos sobre el desastre que se aproximaba. Sin embargo, Enki (hermanastro de Enlil) a escondidas alcanzó a decirle al hijo que tuvo con una humana llamado Ziusudra, que construyera una nave y obtuviera la simiente de todos los seres vivos que habitaban el planeta, así se Ziusudra y su familia de la gran catástrofe.

La Biblia en el Génesis (7:10-24; 8:1-17; 1 Pedro 3:19, 20) relata algo similar a lo descrito por los sumerios en el que Dios enjuicia a la humanidad y a causa de sus pecados, provoca una gran inundación en toda la Tierra. En la que únicamente Noé, junto con su familia y parejas de animales se salvaron al refugiarse en una arca. Así también, otras culturas como la maya narran historias de una gran inundación.

El rostro del faraón

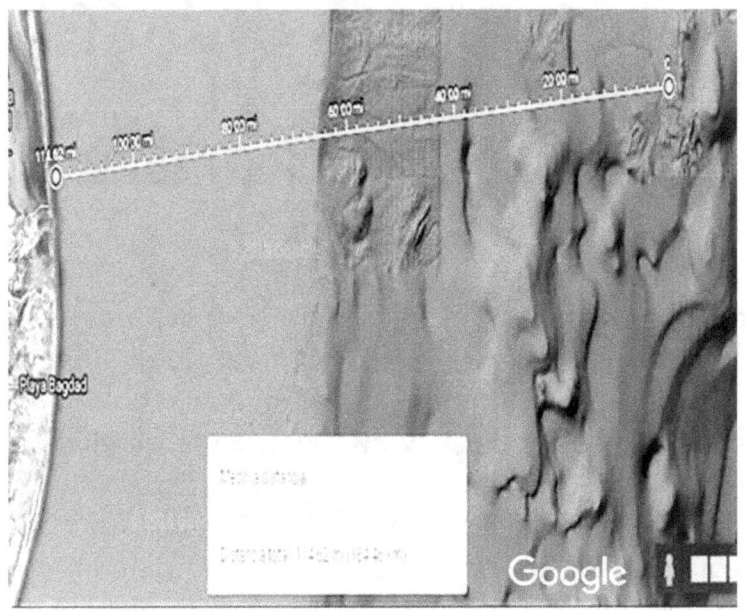

Figura 39

La imagen de lo que denominé El Rostro del faraón también se encuentra localizada en la misma zona donde se encuentra de El rostro del dios olvidado, en el Golfo de México a unos 186.46 km. de Port. Mansfield, en Texas, EUA, figura 39., Sus coordenadas 26°º14'51" N - 95°º 15' 40" W. Considero que de alguna forma están conectados, tal vez hayan tenido algún tipo de conexión, vínculo o sea de la misma cultura fue quien los construyó. El rostro del faraón se encuentra alejado de lo que es la plataforma continental, que quizás en el pasado antes de la gran inundación formó parte de la costa, y estuvo a orillas del mar.

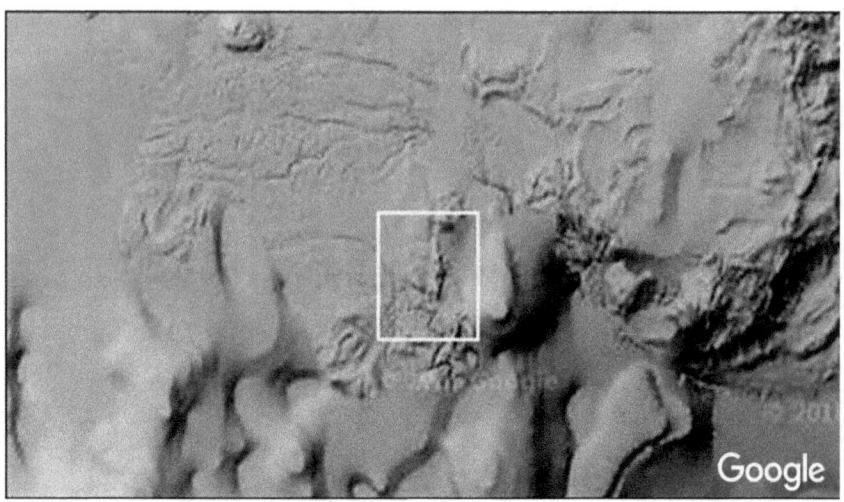

Figura 40

En esta imagen se aprecia la zona donde se encuentra El rostro del Faraón. La intención de que sea una esta panorámica es para que se pueda observar lo que existe alrededor, **figura 40**. Notemos queen el que sobresalen una serie de formas anómalas y otra gran parte de ellas se encuentra hallan cubiertas posiblemente (quiero creer), con arena o tal vez este én desvanecidas, o quizás la zona no está aún escaneada por los satélites o no quieren que se conozca lo que hay aquí. A pesar de eso, se pueden distinguir extraños cúmulos o peñascos que parecen ocultar algo.

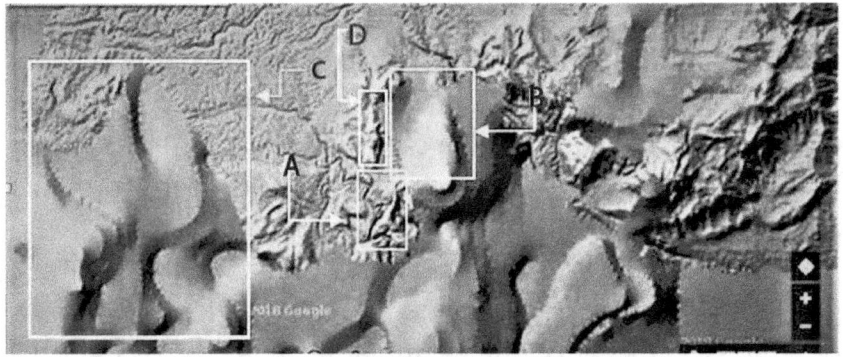

Figura41

Las anomalías que mencioné anteriormente, las he señalado con recuadros y letras, no son todas, pero sí las que a mi juicio son las que más resaltan, **figura 41**, para que usted pueda tener una mejor opinión

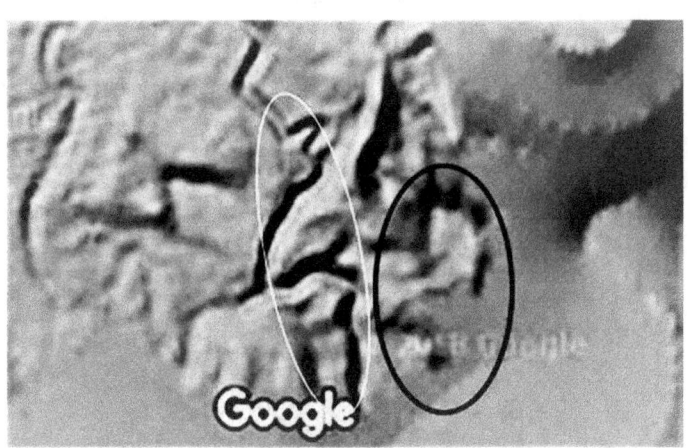

Figura 41 a

41.a De las formas anómalas, se halló esta extraña coincidencia en donde con la imagen ya aumentada, se distingue claramente **(ovalo blanco)** lo que sería la representación gráfica de los números indoarábigos 1, 2, 3, en orden (de la parte baja hacia arriba). Situación que me deja sorprendido y lo único que podría comentar es que se trata de una gran casualidad. De igual manera me sorprende la imagen del número dos indoarábigo, que se repite en dos ocasiones **(círculo oscuro)**. Recordemos que ya lo habíamos visto en la imagen de El rostro del dios olvidado y que fue lo que me llevó a encontrarlo. Esto no quiere decir que en caso de ser creados por alguien tengan el mismo significado que hoy en día le damos, pero es mucha coincidencia que el rostro que presentaremos más adelante se parezca a un faraón egipcio y que el dios olvidado contenga pirámides y construcciones semejantes a las de los egipcios.

Cabe mencionar que la numeración que conocemos actualmente como arábiga, fue inventada en la India en el siglo V a.C. y posteriormente dada a conocer por los árabes, por eso, muchos la conocen como numeración arábiga. Existe la posibilidad de que esta numeración ya se hubiera inventado y utilizado mucho tiempo atrás de lo que se cree y los hindúes fueron los que la conservaron y rescataron de su memoria volviéndola a utilizar.

Figura 41 b

41.b Aquí aparece una forma que consideramos anómala, pues tiene cúmulos o peñascos con formas muy peculiares. Semeja tener un domo circular en la parte superior (algo muy raro en la naturaleza), y abajo de él existen otros círculos con extraños picos o puntos. Parece que al estar difuminada la imagen se oculta algo importante, o quizás estoy exagerando y es algo muy normal creado por la naturaleza.

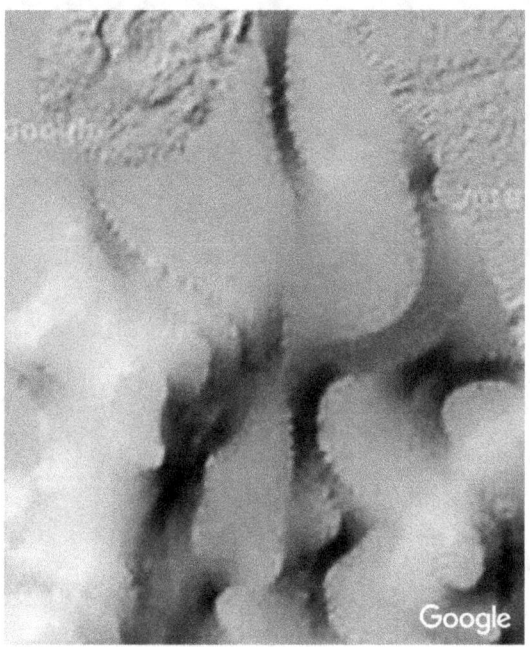

Figura 41.c

41.c De igual forma, se aprecian otra serie de peñascos con formas raras y las imágenes también se encuentran difuminadas. Hay una serie de puntos alrededor, que como ya mencionamos, sería difícil encontrar en cualquiera de los mares en el mundo.

La siguiente imagen **(figura42)** la hemos mencionado en las diferentes partes del libro y es el título del apartado que ahora nos ocupamos, nos referimos a El rostro del faraón. Se trata de lo que parece ser un rostro humano, femenino, de perfil derecho que mira hacia el este, y por ciertas características de su rostro y ciertos rasgos faciales así como la indumentaria en la cabeza, podríamos decir que es el rostro de un egipcio, **figura 42.**

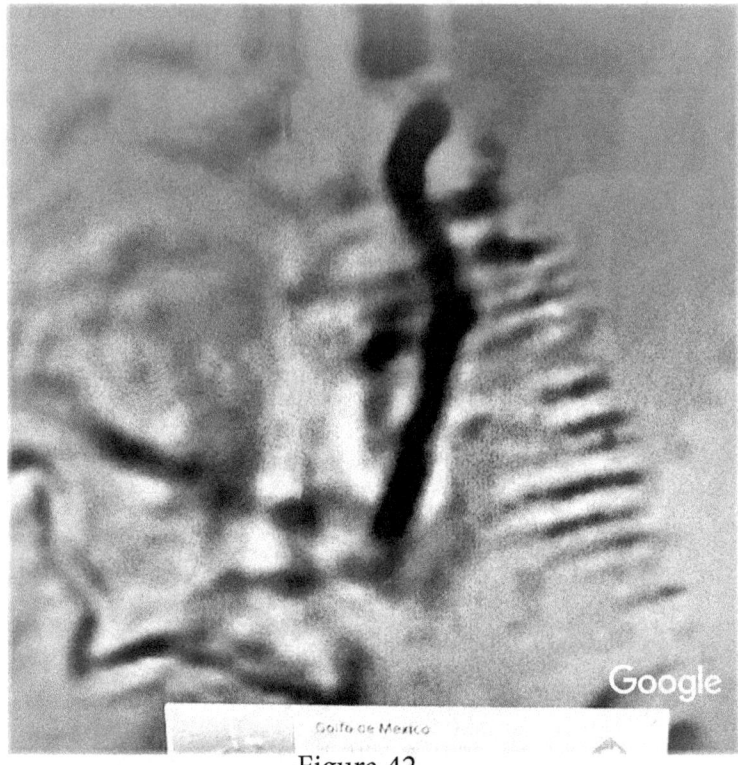
Figura 42

Quizás piensa que se trata de una pareidolia o que es un producto de la naturaleza, pero la definición de la cara es casi exacta que parece increíble que la naturaleza pueda crear tales obras. Lo que sí es que cabe la posibilidad de que los creadores de este rostro, pudieran haber aprovecharon ciertas las formaciones naturales para darle la forma de un rostro, combinándolo con ciertas modificaciones y construcciónes.

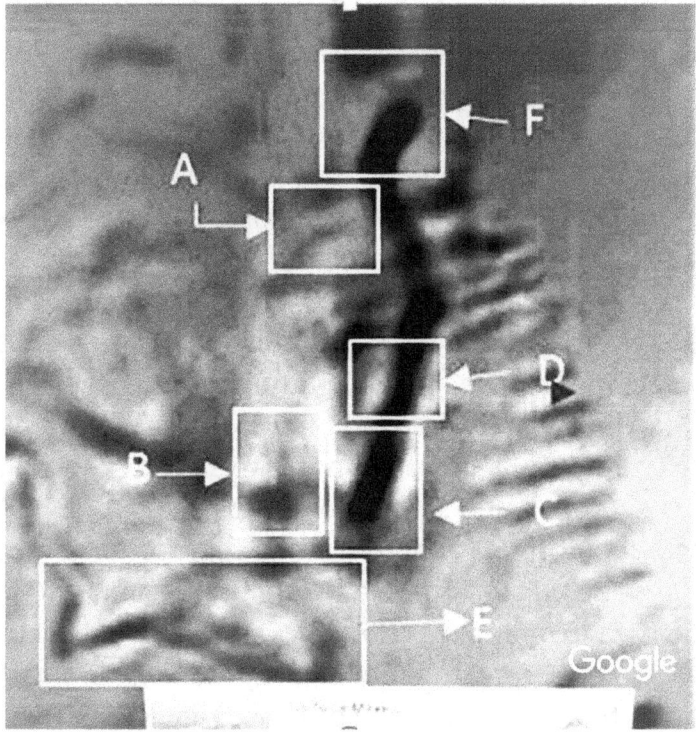

Figura 42.1

Por ejemplo, la banda que usa en la cabeza, **figura 42.1 (A)** tiene una especie de espiral. Sería demasiada coincidencia el que la naturaleza coloque tres 3 cúmulos con forma piramidal identificados **(con las letras B-, C y D)**. En los que El cúmulo **(B)** está dándole forma al corte de cabello que le llega hasta los hombros, **(C)** la pirámide que le da forma a la barbilla, y **(D)** la forma también de pirámide que se encuentra en la nariz, entre otras cosas., Así que, por lo que reiteramos que el rostro presenta particularidades y trazos que hacen dudar de que estén totalmente creados por la naturaleza, y por si existieran dudas, resultaría increíble que la naturaleza creara una cara humana colocando piezas de diferentes formas en el lugar correcto como si fuera un rompecabezas, además no creo que exista en nuestro mundo algo semejante.

En este orden de ideas, El rostro del faraón parece presentar una cara alargada, con la mandíbula **(C)** resaltada del rostro y en pico. La nariz es recta **(D)**. Los ojos son percibidos a través de una sombra. Tiene la ceja delgada por lo que también podría representar una figura femenina y que podría ser la esposa de Poseidón (Clito), con quien tuvo 10 hijos, los cuales gobernaron la Atlántida. El rostro refleja a una persona de aspecto rígido. El pelo es largo hasta la altura de los hombros con un peinado clásico de la época, como los que vemos en las representaciones que se hacen de los egipcios **(B)**. En la cabeza trae una cinta amarrada con la figura de lo que parece ser una espiral **(A)**. A la altura de la frente sale un adorno curvo que se asemeja a una serpiente **(F)**, los egipcios llamaban a ese tipo de adornos ureo, que era la representación de una cobra erguida, el cual era una un símbolo y amuleto de protección para el faraón. La cobra representaba la resurrección de la vida y era protectora del bajo Egipto. Por otra parte, en el fragmento debajo de lo que es la barbilla del rostro egipcio **(E),** sobresale una figura similar a un reptil o una tortuga. Cabe mencionar que tanto El rostro del dios olvidado como El rostro del faraón, solo pueden ser vistos desde arriba, desde lo alto.

 Todas las pruebas aquí mostradas me hacen considerar que realmente hubo una coexistencia de esta cultura (que muy probablemente fue la Atlántida) con la civilización egipcia y que conjuntamente con ellos construyeron las pirámides y demás edificaciones, o quizás ellos mismos fueron los constructores y por lo tanto pertenecen a la misma línea del tiempo, cientos de años antes del diluvio. Tal vez, los antecesores de los egipcios sufrieron los mismos estragos de la gran catástrofe y sus construcciones debieron quedar sumidas bajo las aguas, de esta manera sus pobladores en su mayoría fueron exterminados por las mismas aguas.

Mucho tiempo debió pasar para que el nivel del agua descendiera y volviera a dejar al descubierto el resplandor de las ciudades egipcias y quizás al igual que algunos de los descendientes que anteriormente poblaron estas ciudades, sabiendo de su esplendor regresaron a ellas.

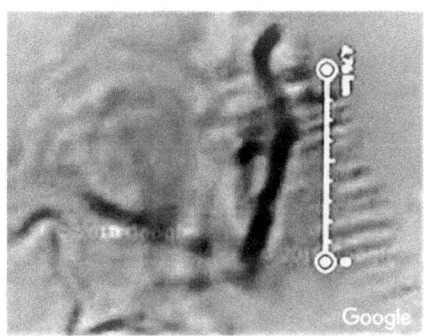 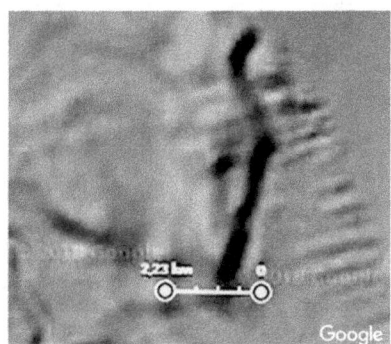

Figura 43   Figura 44

Las dimensiones de El rostro del faraón al igual que las de El dios olvidado son enormes, pues al medir desde la punta de la barba hasta la frente donde termina lo que parece ser una cinta, alcanza 4.76 km de largo, **figura 43**, y de ancho considerando la cabeza en su parte superior a la punta de la barba donde empieza el cabello es de 2.23 km, **figura 44**.

Este rostro debe ser la representación de un gran personaje o como lo conocemos actualmente de un faraón. Ademas de todo lo que he presentado en este apartado, no se alcanzan a distinguir más detalles, que no dudo que existan, porque es posible que esté cubierto por las arenas, quiero pensar.

¿Pirámides bajo el mar?

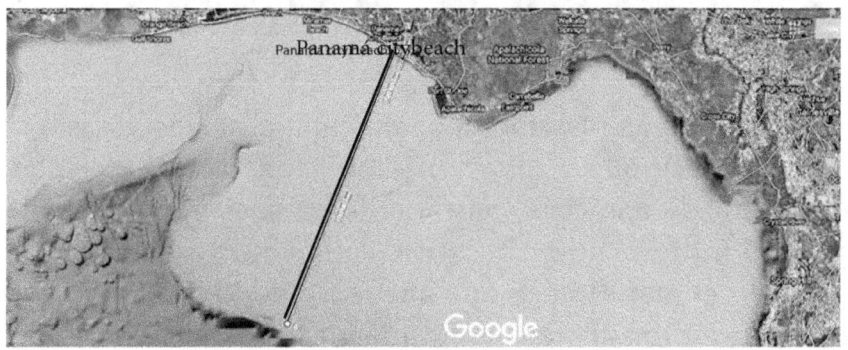

Figura 45

A una distancia de 227.76 km al suroeste de la ciudad de Panamá City Beach, EUA, cuyas coordenadas son 27°54'09"N 85°56'35"W, se localizan lo que parecen ser unas construcciones piramidales, que se encuentran sumergidas bajo el mar dentro de la plataforma[14] y el talud[5] continental, véase la línea de la **figura 45**.

---

14   Plataforma continental es la parte del continente que está cubierta por el océano antes de que este alcance una gran profundidad. Tiene su origen en la costa y finaliza cuando llega a la barrera continental.

15   Talud continental es una parte de la morfología submarina de fuerte declive que enlaza la plataforma continental con la llanura abisal. Suelen estar ubicados entre los 200 a 4000 metros bajo el nivel del mar.

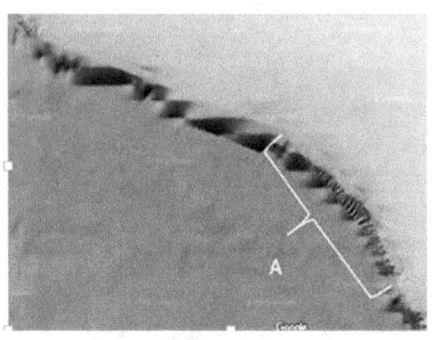
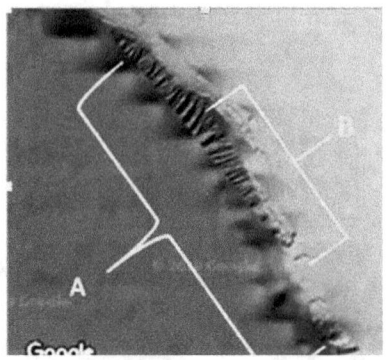

Figura 46   Figura 47

Al final de la plataforma continental al sur de Texas, en lo que parece que alguna vez pudo haber sido la orilla de una costa, se aprecian una serie de paisajes irregulares, **figura 46 (A)**, que no se observan comúnmente en otros lugares en el mar. Nótese que alrededor de lo que pudo haber sido en un tiempo remoto la costa, hay una serie de abultamientos aparentemente ocultos por la arena o por la imagen que posiblemente se encuentra difuminada, aunque parecen ser pirámides menores. Frente a ellas, por la misma línea del talud continental se aprecian extrañas formaciones que no se alcanzan a distinguir, **figura 47 (B)..**

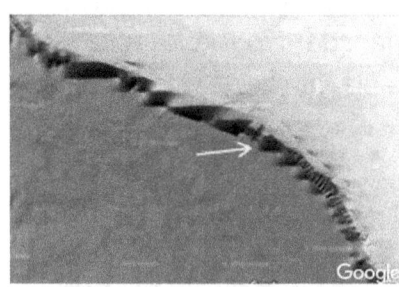

Figura 48   Figura 49

Hacia la izquierda de estos cúmulos piramidales, sobre la misma línea del talud, se encuentra lo que semeja ser una pirámide truncada, **figura 48 (flecha)**. **Figura 49**, la imagen se amplió para poder apreciar con más detalle lo que se parece a las pirámides de Teotihuacán o a las mayas, que aunque es la que se aprecia con mayor nitidez no deja de verse difusa.

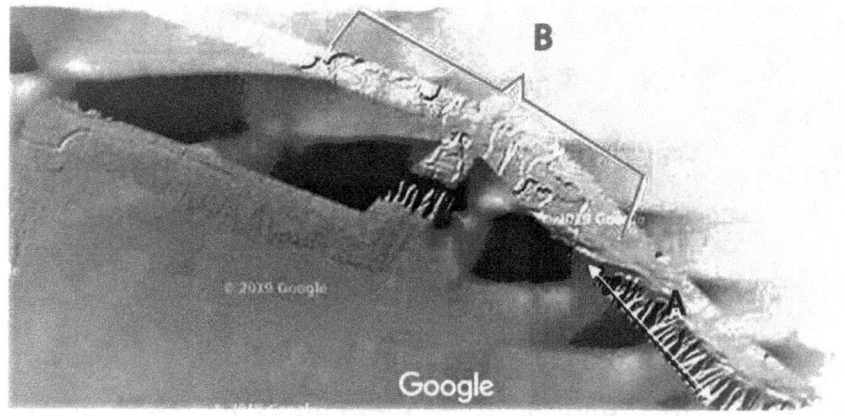

Figura 50

En la **figura 50** el acercamiento es mayor y se puede apreciar mejor el contorno de la pirámide truncada. Sin embargo, hay algo que no encaja con la imagen y es que de un lado las pirámides parecen estar incompletas y del otro se observan como cortadas las formaciones rocosas de lo que sería el talud continental **(flecha A)**. Pareciera que la imagen no es normal, como si hubieran sido recortadas y después pegadas, por lo que falta una parte de la imagen, da la impresión de que se ocultan otras construcciones.

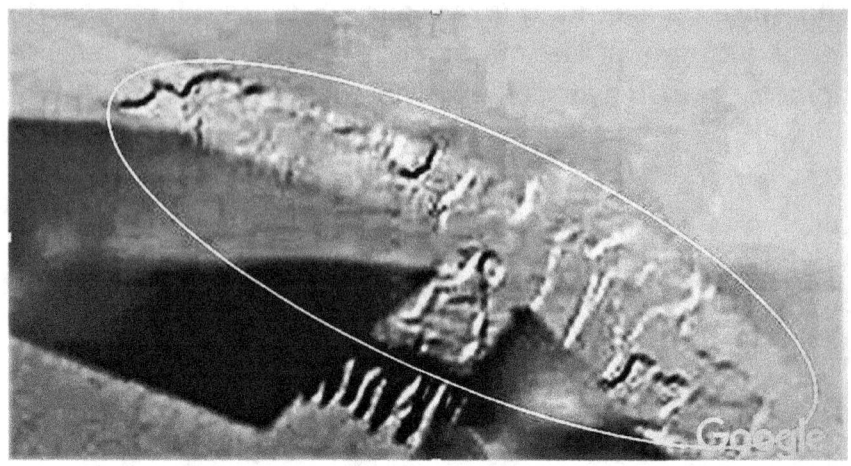

Figura 51

En la parte superior de las pirámides y de lo que semejan ser estalactitas, **figura 51**, se encuentran una serie de extraños relieves **(dentro de la elipse)**, que parecen estar grabados sobre la superficie. Siendo más arriesgados, tal vez pudiera tratarse de algunas construcciones enterradas en la arena, en la que pueden estar sobresaliendo las partes altas o los muros que las delimitan o igualmente ser algún tipo de construcción que quizás ya se encuentre erosionada y haya perdido su forma. Parece que forman extrañas figuras y en algunos casos la representación de animales o simplemente ser caprichos raros de la naturaleza, y para que usted tenga más elementos para juzgar, a continuación se muestran una serie de imágenes con un mayor acercamiento

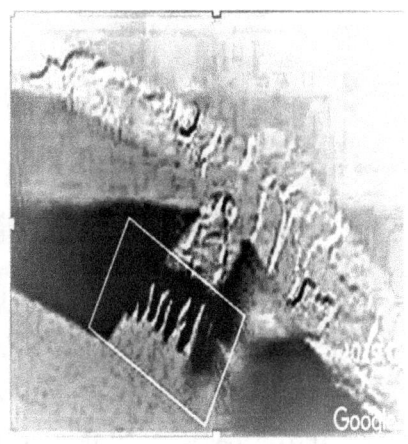

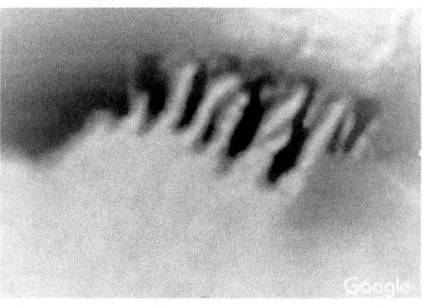

Figura 53

Figura 52

Observe la **figura 52,** la cual se amplió, en la que se presentan unas extrañas formaciones (recuadro), que parecen columnas amorfas con disparidad de medidas (no creo que puedan existir otras formaciones iguales en el fondo marino). Es posible que pudieran haber sido columnas sosteniendo algún techo el cual se derrumbó, o del mismo modo pudieran ser estalactitas y estalagmitas, ya que si observa hacia adentro, **figura 53,** se pueden apreciar algunas formas como columnillas que salen de la parte superior, pero este tipo de formaciones, si mal no recuerdo, solo se dan en la superficie, fuera del mar, en cuevas o cavernas.

Quizás ¿estas formaciones estuvieron alguna vez en la superficie quedando cubiertas por el agua después del diluvio?

Ahora conozcamos las dimensiones que presenta lo que parece ser una pirámide truncada (apoyados en Google Earth).

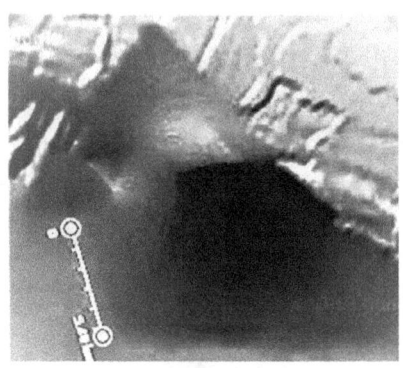 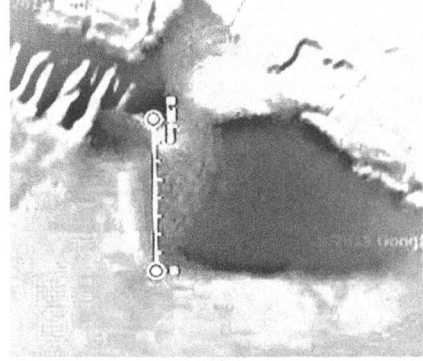

Figura 54   Figura 55

La base de la pirámide mide 5.49 km, **figura 54,** y más de 8 km de altura, **figura 55**, lo cual la convierte hasta hoy en la pirámide más grande. Si comparamos esta edificación con la pirámide de Cholula, Puebla, que es la más grande en el mundo hasta ahora conocida y que mide 450 m por 450 m de altura, esta resulta ser una construcción colosalmente más grande.

Parecería ilógico pensar que podría tratarse de un cerro o colina, pero no, ya que la naturaleza no crea formas piramidales tan perfectas (al menos lo que se alcanza a ver). El tamaño y la altura para ser un montículo o cerro son muy grandes, y consideremos que las dimensiones son extraordinarias para ser construidas por humanos. No olvidemos que los descubrimientos arqueológicos antes presentados en esta obra, también son de gran altura, por lo que repetimos, posiblemente antes del diluvio hubo una raza de gigantes que pobló la tierra y tal vez ellos hayan sido los constructores. Cabe aclarar que esto último que menciono no es producto de mi imaginación, pues las historias de gigantes se mencionan en innumerables narraciones antiguas como la Biblia, Enuma Elish y las leyendas de una gran parte de las culturas ancestrales como los mayas, los indios nativos de Norteamérica, entre otros, sin tener en cuenta la gran cantidad de literatura que existe sobre este tema.

Es conveniente insistir en que parte de lo aquí mencionado son solo teorías y en muchos otros casos están basados en literatura y videos relacionados con los temas aquí tratados, con el fin de poder dar una explicación lógica de estos recientes hallazgos arqueológicos, pues como nadie sabía de su existencia, no existe información sobre ello, por lo que son una primicia.

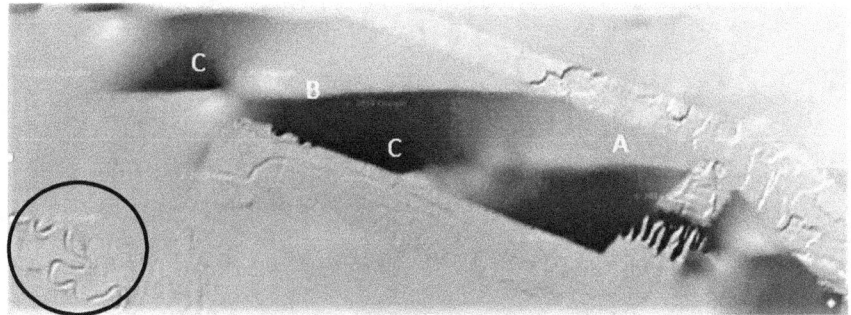

Figura 56

Observe la **figura 56,** a la izquierda de lo que habíamos visto de las estalactitas hay un enorme hoyo, el cual parece indicar que en esta zona hubo un gran hundimiento de tierra, y en la parte media del mismo existe una porción saliente de tierra **(A)** (la cual está difuminada), algo similar a una península. Más a la izquierda está lo que semeja ser un puente natural **(B)** y después nuevamente lo que podría ser otro hundimiento, en la parte baja **(C)** se encuentran lo que son unos extraños surcos amorfos que al parecer están cubiertos por la arena o difuminados (círculo).

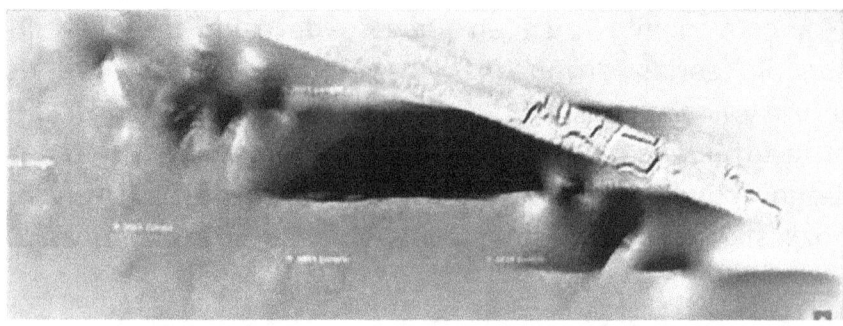

Figura 57

Sobre la misma falla, el hundimiento y las formaciones siguen teniendo casi las mismas características, como se aprecia en la **figura 57.**

El avión

Figura 58

A 40.32 km al sur de Dry Tortugas National Park, (línea negra), en la punta del estado de Florida y al oeste de cayo Hueso se encuentra una formación muy extraña, **figura 58.**

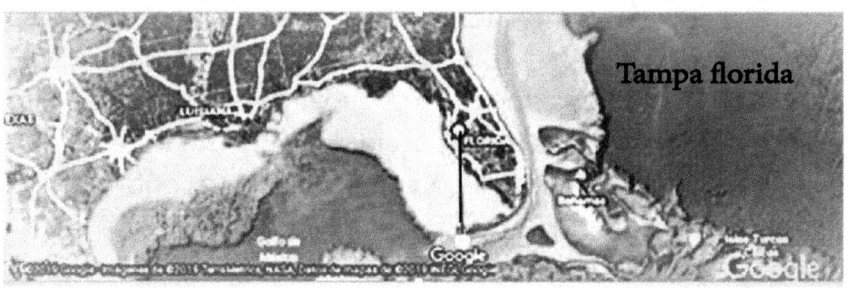

Figura 59

Sus coordenadas son 24°12'24"N 83°00'31"W, está a 434 km en dirección recta hacia Tampa, Florida, EUA, **figura 59 (línea vertica)l** dentro del golfo de México, en la plataforma continental de lo que en una época remota fueron las costas del estado de Florida en el continente americano. Sin embargo, no le encuentro alguna explicación lógica a esta formación, por lo que quedará impresionado al conocer las dimensiones de este objeto o aparato, y tal vez se convencerá de que existió otra civilización anterior a la nuestra, quizás con los mismos o más avances tecnológicos.

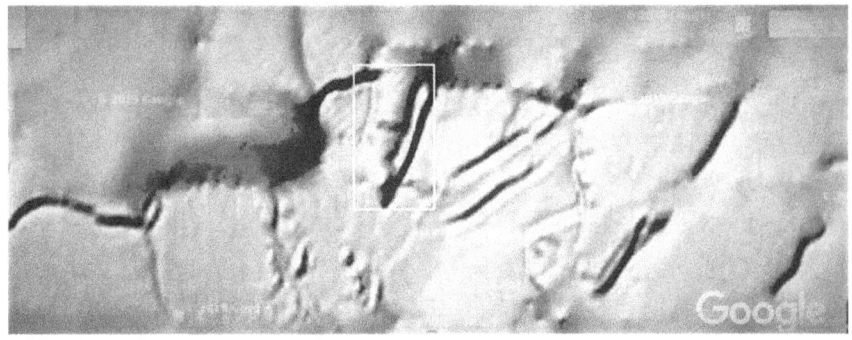

Figura 60

Aquí se observa el sitio donde se encuentra el inexplicable aparato, **figura 60**, Notemos que parece ser la parte delantera de un avión, la cual se encuentra en una plataforma, inclusive podríamos asegurar que tiene las ventanas de la cabina de los pilotos. Podría tratarse de los restos de un avión que cayó al mar, pero sus dimensiones hacen dudar que pudiera ser este el argumento. Tal vez sea una pareidolia, pero hay detalles que no encajan para pensar en esto, como veremos a continuación.

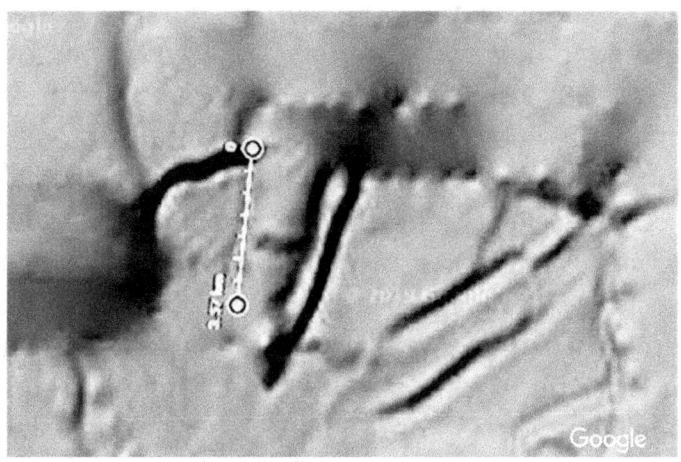

Figura 61

Las medidas espectaculares que presenta esta imagen, a lo largo, desde donde podría ser la punta hasta donde pudieran estar las alas (ocultas por la arena o difuminadas), son 3.57 km aproximadamente, **figura 61 línea blanca.** Consideremos que esta medida solo corresponde a la parte que podría ser la cabina de los pilotos, y si fuera un avión de verdad ¿qué tamaño tendría? Probablemente la medida completa del aparato sería de 9 a 12 km. Si se tratara de un avión, no sería de nuestra era, y ¿a quienes transportaría? ¿De qué tamaño serían los pasajeros?

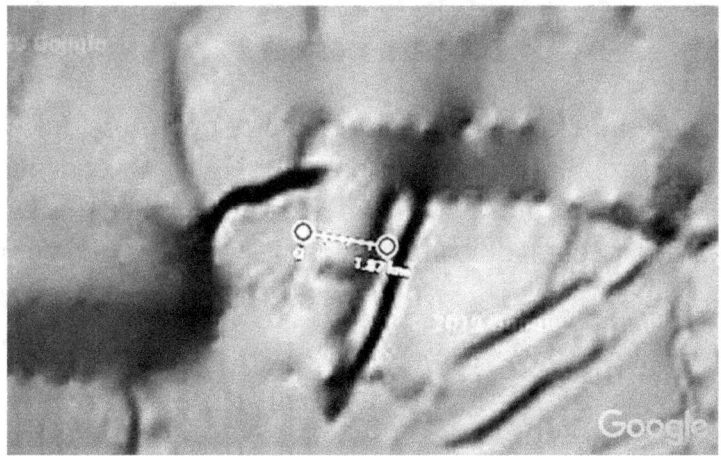

Figura 62

Ahora veamos el ancho del avión, **figura 62**. En la parte delantera de lo que podría ser la cabina de los pilotos o fuselaje mide 1.87 km. En caso de que hubiera sido un avión, y probablemente debió pertenecer a una cultura antediluviana de la que ya hemos visto aquí algunas muestras en imágenes de sus construcciones, querría decir entonces que sus viajeros estuvieron a la par o más avanzados tecnológicamente que nuestra civilización. Es probable que suene a disparate, pero también podría ser verdad que el avión se encuentre en este lugar porque no alcanzó a despegar y quedó atrapado por la inundación o a lo mejor solo estaba estacionado. Quizás el área donde se encuentra, fue un hangar cerca de algún aeropuerto. Muchas pueden ser las hipótesis y tal vez no tengamos ninguna explicación que sea la correcta.

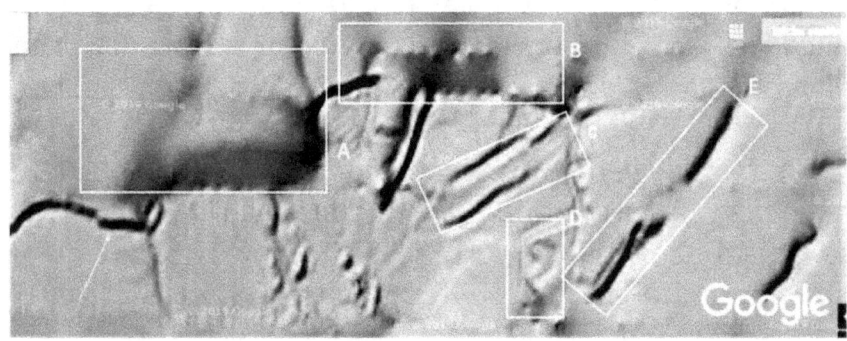

Figura 63

Alrededor de lo que podría ser la parte delantera del avión, **figura 63,** existen diversas alteraciones que no concuerdan con el paisaje natural del mar en esta área, las cuales se han enmarcado y señalado con letras para analizarlas una por una.

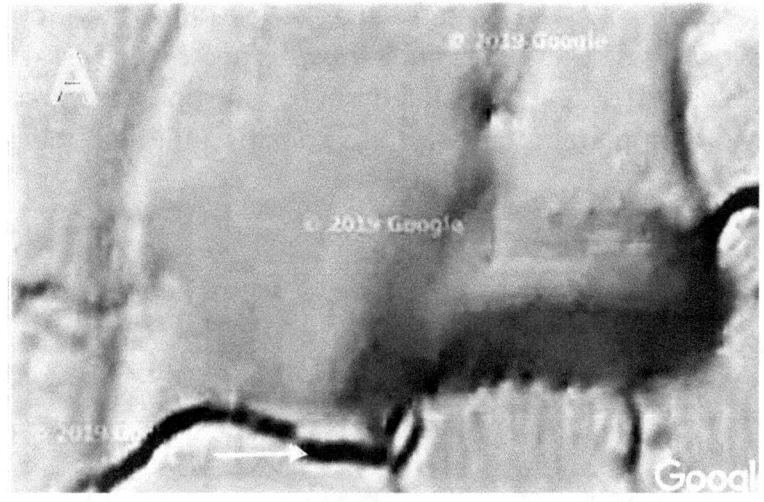

Figura 63.a

63.a Detrás de lo que aparenta estar difuminado o sepultado por la arena parece esconderse algo, semeja ser un objeto de grandes dimensiones y que posiblemente se trate de otro avión, pero mucho más grande que el anterior. En la parte baja del recuadro que enmarca la imagen, hay una flecha blanca que apunta a lo que podría ser la entrada hacia donde se encuentra este enorme cuerpo **(parte más oscura).**

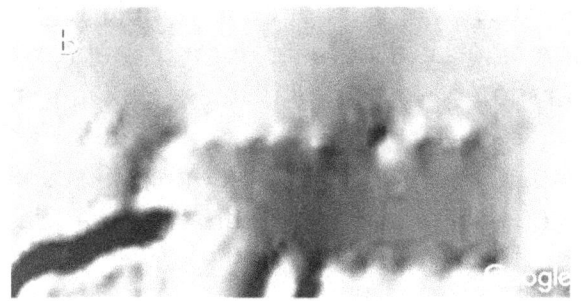

Figura 63.b

63.b Aquí se muestra la parte media del fuselaje correspondiente a las alas de lo que hemos identificado como un avión y la parte trasera del fuselaje. En esta área se encuentran una serie de pequeños hoyos y puntos redondeados, al parecer toda esta zona se encuentra disipada, posiblemente oculta por la arena o por no estar completamente escaneada por los satélites o equipos.

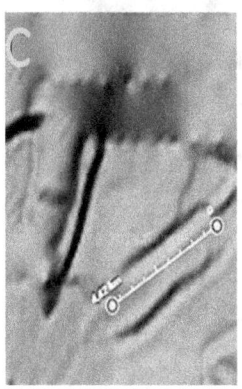 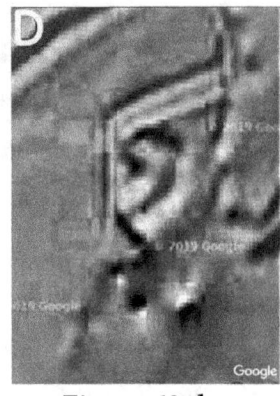 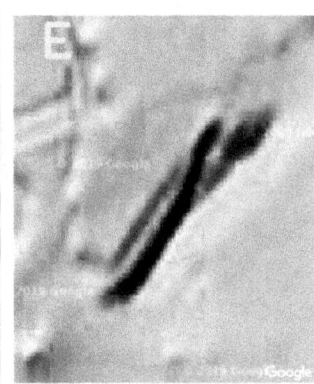

Figura 63.c   Figura 63.d   Figura 63.e

63.c Parecen ser dos surcos que corren en paralelo cuya medida es de 3.4 y 4.2 km, respectivamente.

63.d Se muestra un símbolo que semeja ser un signo de interrogación o quizás el número dos indoarábigo, que lo hemos encontrado en varias de las imágenes aquí mostradas.

63.e Aparenta ser una plataforma cubierta por la arena, que no tiene ninguna apariencia natural.

¿Condensador en el mar?

Figura 64

A unos 121.87 km de la costa de Nicaragua en la reserva ecológica de Indio Maíz, en la coordenada 11°11'54"N 82°41'19"W, dentro del mar Caribe, se encuentra nuestra siguiente parada, donde se localizan una serie de extraños objetos, que resultan difíciles de explicar y de entender a qué corresponden realmente, **figura 64.**

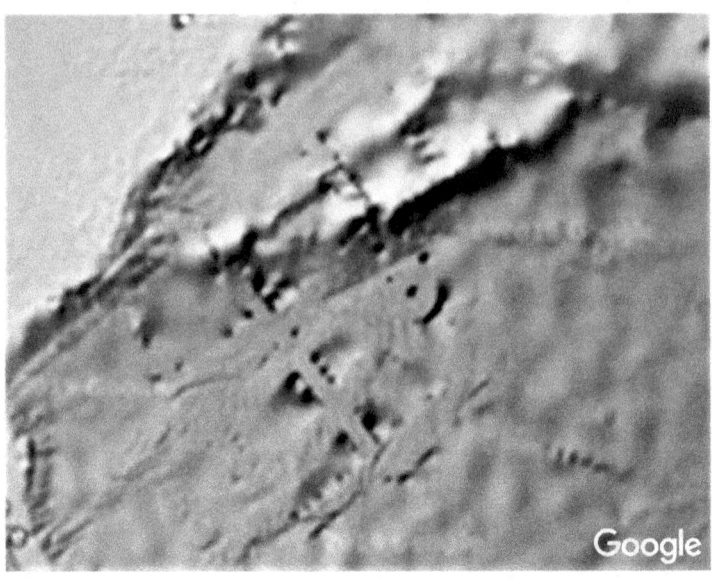

Figura 65

La imagen anterior se amplificó para poder observar con mayor claridad los objetos extraños que parecen ser unas barras paralelas, **figura 65**, algunas de ellas se encuentran sobre la arena y otras ocultas bajo la misma. Las barras aparentemente dan la idea de formar cuadros, como si fuera una rejilla o red. En algunas áreas de esa aparente red, las barras asemejan al metal fundido, y en uno de los cruces de las mismas se encuentra un objeto circular como si fuera una rueda, la cual tiene un orificio en el centro al parecer fundido en la misma estructura. Aparentemente casi toda la estructura está sumergida bajo la arena y lo que vemos solo es una parte.

LA ATLÁNTIDA AL DESCUBIERTO

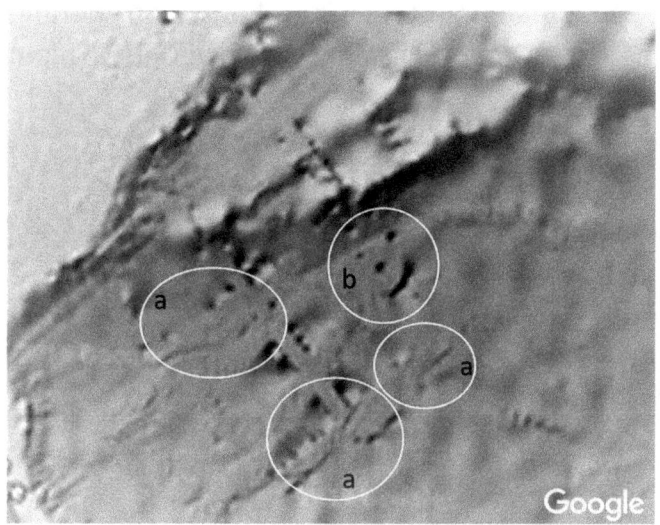

Figura 66

Se realizó un mayor acercamiento de la zona donde se encuentran estas rarezas, **figura 66,** y se encerraron con la **letra (a)** lo que parecen ser barras con apariencia de metal fundido. **La letra (b)** Indica un objeto circular con forma de rueda y una ranura en medio.

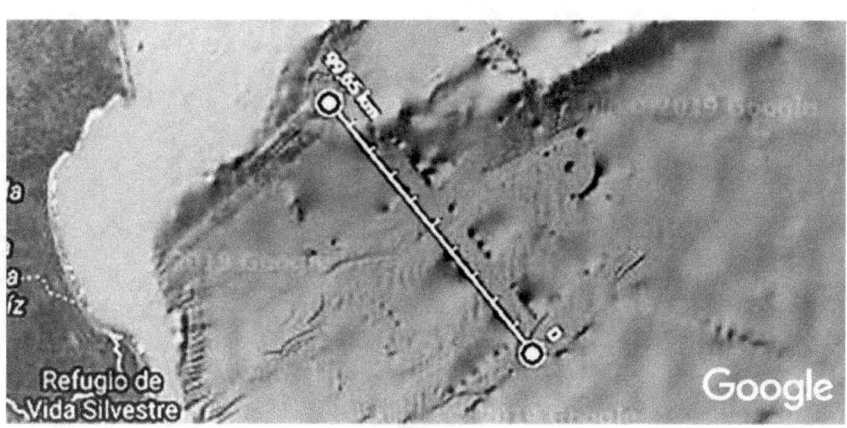

Figura 67

El largo de una de las barras que se aprecia más claramente

mide aproximadamente 100 km, considerando los extremos que se alcanzan a distinguir, **figura 67**.

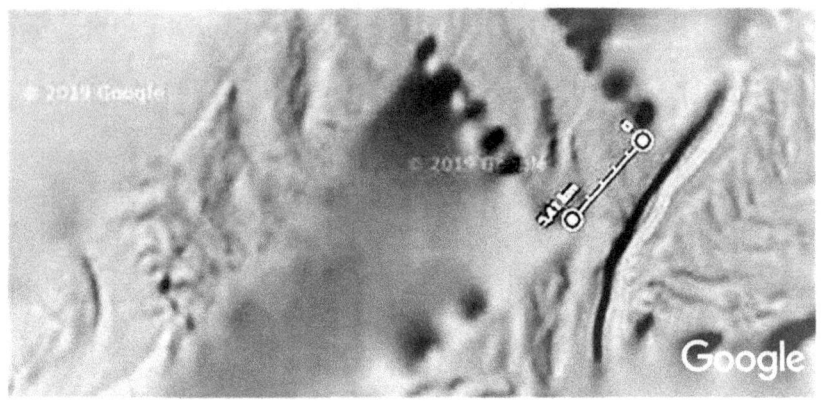

Figura 68

El ancho de la barra desde la parte más visible es de 5.41 km, **figura 68**. Al parecer las barras tienen una orientación de 45° con respecto al norte, las barras verticales son las que más sobresalen, no se alcanza a distinguir la cantidad de barras que pudiera existir.

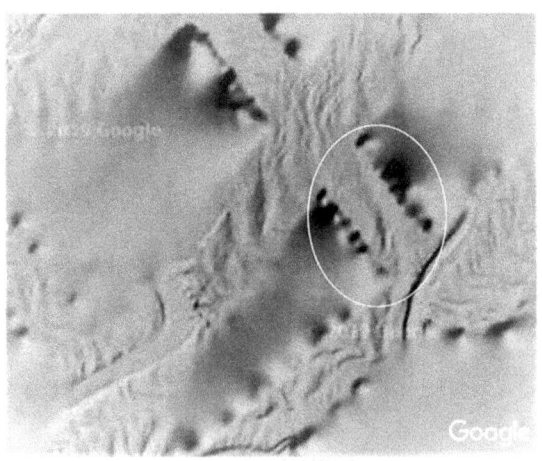

Figura 69

En la **figura 69** se observa que por debajo de las barras sobresale algo semejante a unos tubos en forma de u y que al parecer van serpenteando por la parte baja, alrededor de la barra. Similar al diseño que tienen los condensadores que se encuentran en la parte trasera de los refrigeradores, **figura 70**, pero con la diferencia de que las llamadas aletas **(flecha 1)** de disipación son más delgadas en el refrigerador, y en la **figura 69** las barras son más gruesas. Además de los refrigeradores, esta estructura también se presenta en aparatos como los calefactores, radiadores, entre otros.

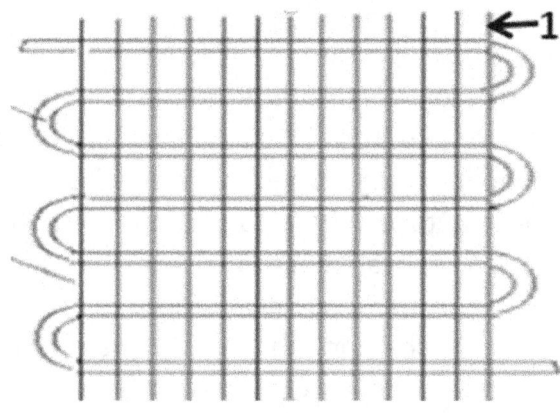

Figura 70

El tamaño del círculo en la **figura 71,** es de 16.30 km de diámetro. Parece estar incrustado o soldado a la figura de las barras en forma de red. Note que el tamaño también es inmenso como los otros objetos aquí mostrados, por lo que de nuevo surgen las preguntas obligadas.

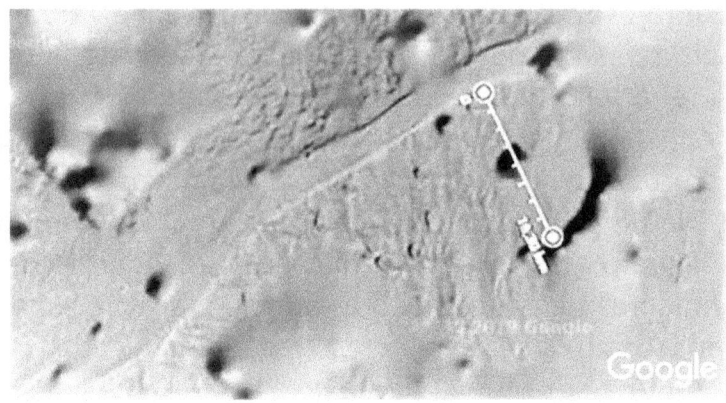

Figura 71

¿Quiénes construyeron este aparato?, ¿qué uso le dieron sus constructores? ¿Se fundió? ¿Sufrió algún sobrecalentamiento o explosión que lo derritió?, ¿para qué construir un aparato con tales dimensiones? ¿Fueron gigantes los constructores? Pero lo más inquietante es cómo un objeto de tan colosal tamaño es invisible para todos, y lo que es peor aún, que no haya sido descubierto (quizás solo sea otro capricho increíble de la madre naturaleza).

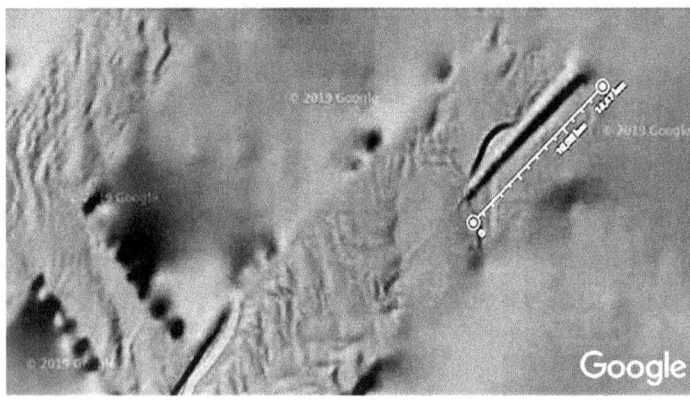

Figura 72

En la parte inferior de lo que parece ser un condensador, se alcanza a observar algo similar a un tornillo con un largo de más de 14 km. No sabemos realmente qué pueda ser, **figura 72**.

LA ATLÁNTIDA AL DESCUBIERTO

Entrada a cueva con pilar artificial

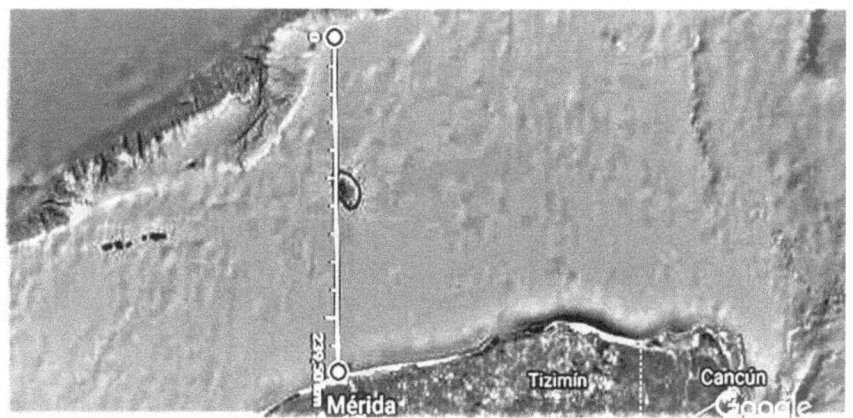

Figura 73

A unos 240 km de puerto Progreso, Yucatán, México, en las coordenadas 23°22'23"N 89°54'56"W, al final de lo que es la plataforma continental y donde inicia el talud continental, en la parte en que convergen estas dos estructuras, (anteriormente fueron las costas), **figura 73,** se forma una especie de cuna de donde sobresale una entrada de lo que parece ser una caverna, **figura 74.**

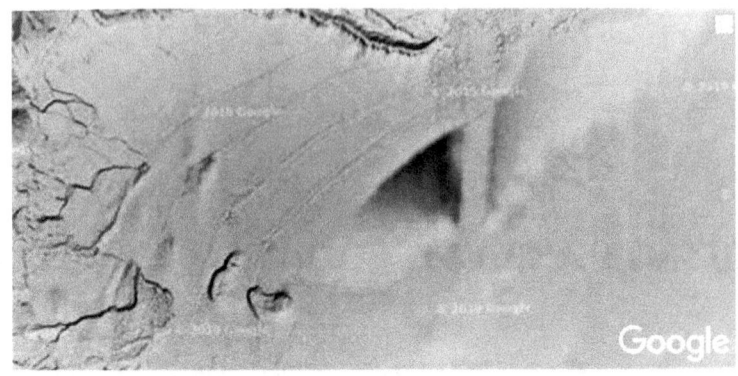

Figura 74

No tendría nada de extraordinario que exista una caverna en el océano, pero si se fija bien en la entrada, hay una columna que sostiene el techo y se observan las paredes de la columna lisas, como si se hubiera hecho artificialmente.

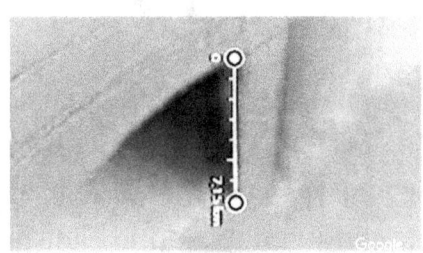 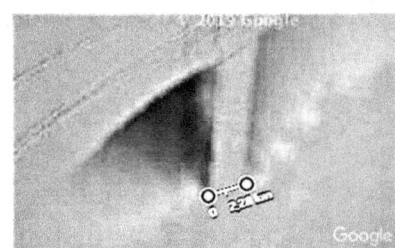

Figura 74.a   Figura 74.b

La altura de la columna es de 7.15 km, **figura 74.a,** lo cual es una medida considerable, su ancho es de 2.28 km, **figura 74.b,** y su grosor es de 1.16 km, **figura 74.c.**

Figura 74.c

Por lo que se alcanza a apreciar las paredes de la columna son lisas como si hubiesen sido pulidas. ¿Puede crear la naturaleza este tipo de construcciones? Observe que los trazos están bien delineados en las esquinas de las columnas, ¿puede la naturaleza crear construcciones con tanta precisión?

Quizás la columna pudo ser hecha para sostener el techo de la entrada de lo que parece ser una cueva, pero ¿para qué? Tal vez la cueva tuvo un uso práctico ¿quién quiso evitar el colapso de la cueva? ¿La entrada fue construida para personas muy altas?

Objetos raros en el mar

Figura 75

A una distancia de 174 km aproximadamente de las costas de Xcalak, cerca de Chetumal, Quintana Roo, en el mar Caribe, en las coordenadas 18°09'59"N 86° 06'39"W, se localiza un objeto que no concuerda con lo que existente en su entorno, **figura 75.**

Figura 76.a.

Observe que alrededor de este objeto no existe otro parecido, **figura 76.a**. Dudo que se trate de un monte o cerro, posiblemente podría ser una gran roca, ¿pero una roca de esas dimensiones y con esa forma?, no creo, el objeto presenta una forma alargada y cilíndrica, como la de un puro o una salchicha; sin embargo, no se aprecia completamente de esta manera porque algunos de sus lados se encuentran cubiertos por la arena.

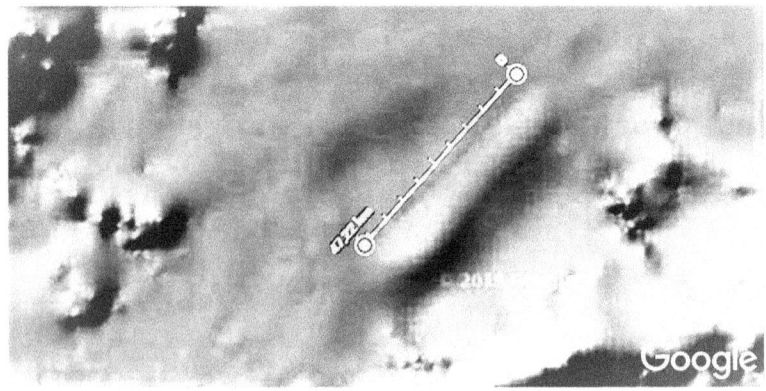

Figura 76.b

El objeto de extremo a extremo mide poco más de 47km, se

alcanza a apreciar que sus paredes son lisas y al parecer curvas, **figura 76.b.**

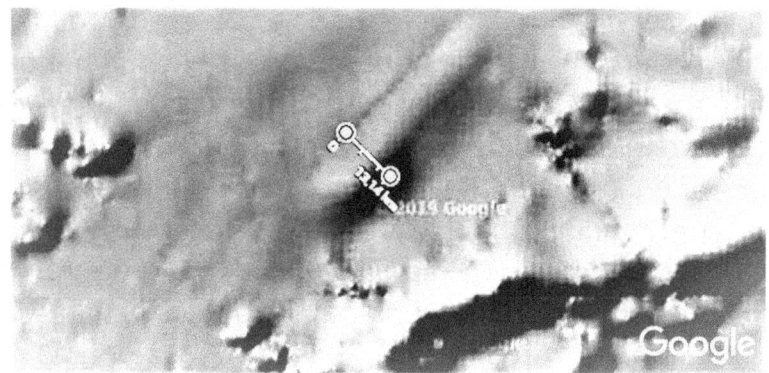

Figura 76.c

El ancho es de 13.14 km, no creo que sea algo creado por la naturaleza, pero no tengo explicación de qué pueda ser, **figura 76.c.**

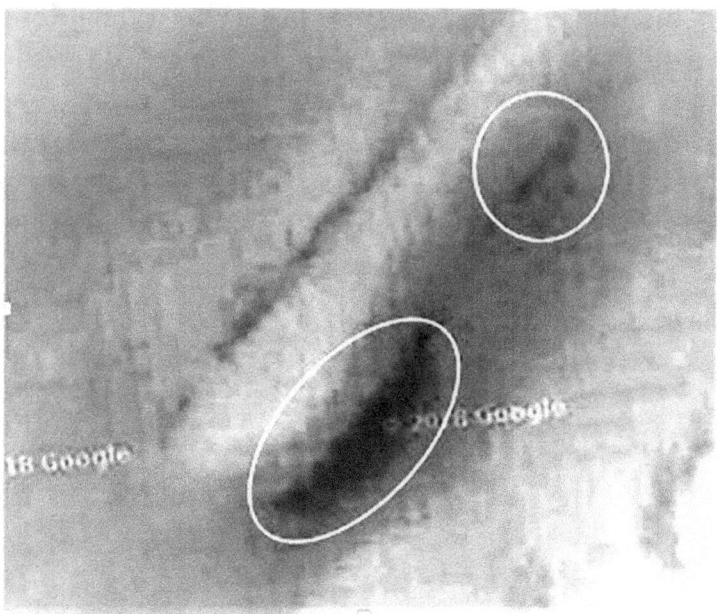

Figura 76.d

A la imagen se le ha dado una mayor nitidez y contraste, para que se pueda apreciar lo que se encuentra en la parte inferior y superior del objeto. Observe lo que hay en los círculos blancos, **figura 76.d**, parecen dos oquedades que podrían ser las entradas al objeto, lo que me hace especular que posiblemente se encuentre hueco, así que pudiera tratarse de una nave aérea o un submarino. Cualquiera que sea el tipo de aparato, este se encuentra hundido en el fondo del mar. ¿A quién perteneció?, ¿quiénes fueron sus tripulantes? ¿Fue abandonada? ¿Perecieron sus tripulantes? En fin, surgen una infinidad de preguntas difíciles de contestar. Creo que esto puede ser una prueba más de la existencia de la humanidad anterior a la nuestra y por lo que he mostrado supongo que tuvieron una tecnología más avanzada que nosotros y con el análisis que hice de este objeto, concluyo que encaja en la misma deducción, ya que debió ser una nave que pudo haber sucumbido ante la gran catástrofe que fue el diluvio. Tal vez los tripulantes de la nave o submarino no alcanzaron a escapar, o simplemente no hubo tripulantes por lo imprevisto de la catástrofe, por lo cual quedó varada en lo que debió ser la costa, sin poder utilizarla. Nadie o casi nadie pudo escapar o ponerse a salvo, por lo que la otra humanidad desapareció con el diluvio.

Una muralla en el mar

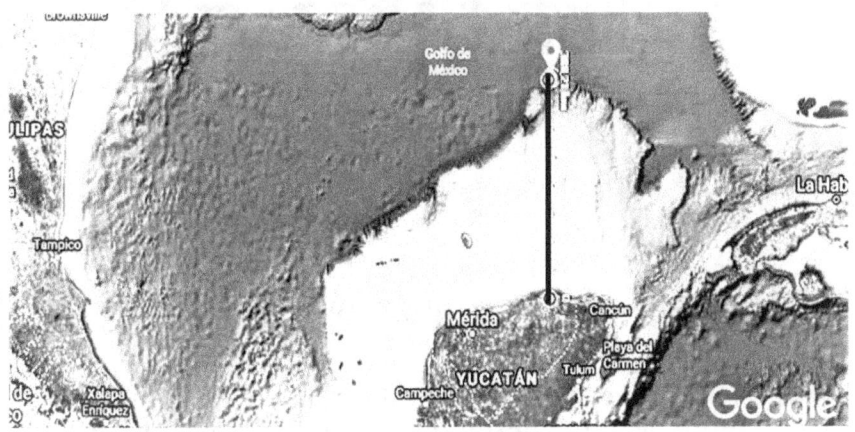

Figura 77

En el golfo de México junto a donde termina la plataforma continental y empieza el talud continental, a 388.21 km de las costas de río Lagartos en la península de Yucatán, coordenadas 25°00'17"N 88°00'49"W, se encuentra una estructura que no parece natural y se asemeja a un muro, **figura 77**.

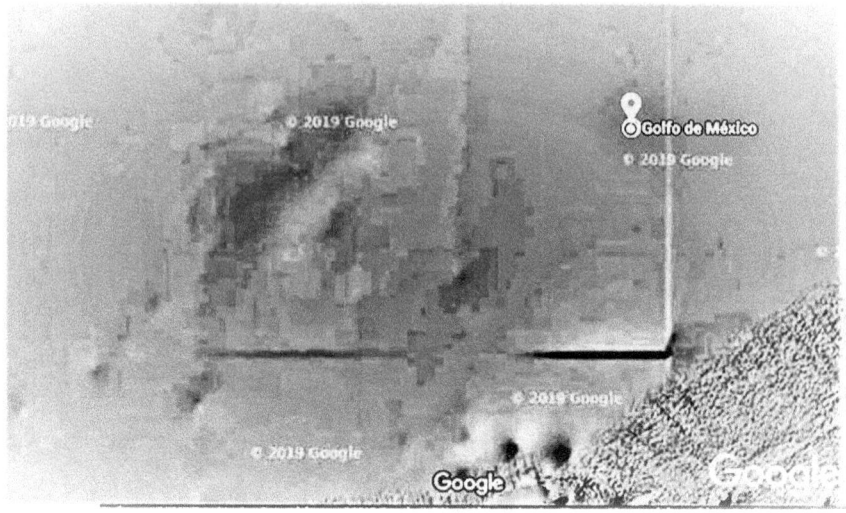

Figura 78.

Aquí se muestra en la imagen una línea que viene del oeste y da un giro vertical de 90° hacia el norte, su inicio y su fin no se alcanzan a observar, pues la mayor parte del muro se encuentra oculta en la arena, **figura 78**.

Figura 78.a

Del lado oeste, desde donde se empieza a distinguir la línea hasta donde hace cruce con la línea del muro que va hacia el norte la medida es de más de 14.00 km. Las medidas son aproximadas, hay que recordar que la mayor parte de la muralla se encuentra bajo la arena, **figura 78.a**.

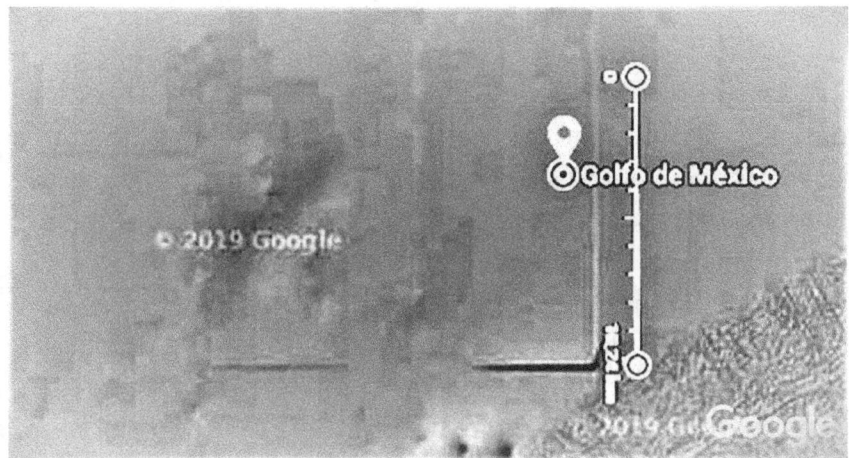

Figura 78.b

El largo de este muro o muralla es de más de 10.24 km, desde donde inicia su intersección con el borde vertical hacia donde se alcanza a distinguir al oeste, **figura 78.b**.

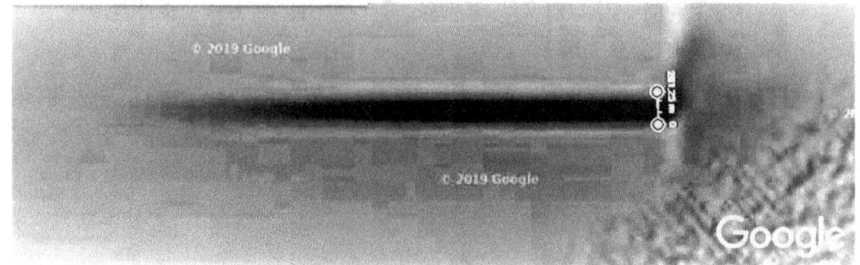

Figura 78.c

La altura de la barda es de 281.25 m, muy alta para cualquier ser humano y de un área que se percibe de grandes dimensiones, **figura 78.c,** ¿qué habrá dentro de ella? ¿Qué resguardaba? ¿De quién o de quiénes se protegían?

Todo lo que aquí expuse solamente son suposiciones, no tengo la verdad, y únicamente estoy tratando de explicar el porqué de la existencia de todas estas obras y artefactos que se encuentran en el fondo del mar.

Como se habrá dado cuenta, la mayoría de las imágenes aquí presentadas se encuentran en el golfo de México y las dos restantes se localizan en el mar Caribe. La localización está indicada al inicio de cada una de las imágenes, por lo que si así lo desea podrá buscarlas y verlas directamente en Google Maps o en Google Earth. Sin tener que trasladarse ni pagar un viaje que sería muy costoso y casi imposible de realizar, donde usted además tendría que saber bucear, pagar los gastos por el traslado en barco a la zona donde se encuentran los vestigios y el alquiler de equipo especial para descender.

www.ingramcontent.com/pod-product-compliance
Lightning Source LLC
LaVergne TN
LVHW011722060526
838200LV00051B/2997